Ansgar Muhle

Deutsche Gesundheitsportale im Netz

Kritische Einschätzung anhand der gängigen Qualitätssiegel

SCHRIFTENREIHE MASTERSTUDIENGANG CONSUMER HEALTH CARE

herausgegeben von Prof. Dr. Marion Schaefer

ISSN 1869-6627

1 *Lena Harmann*
Patienteninformation und Shared Decision Making im Lichte des Publikumswerbeverbotes für verschreibungspflichtige Arzneimittel
ISBN 978-3-8382-0056-9

2 *Janna K. Schweim*
Untersuchungen zum Arzneimittelversandhandel aus Verbrauchersicht
ISBN 978-3-8382-0071-2

3 *Ansgar Muhle*
Deutsche Gesundheitsportale im Netz
Kritische Einschätzung anhand der gängigen Qualitätssiegel
ISBN 978-3-8382-0086-6

In Vorbereitung:

Karin Agor
Zur Evaluation eines multizentrischen Versorgungsmodells für die Notfallversorgung von Patienten mit akutem Koronarsyndrom im Rahmen des Projektes ‚Hamburg gegen den Herzinfarkt' (2005)
ISBN 978-3-8382-0090-3

Ursula Sellerberg
Vergleich und Bewertung ausgewählter verbraucherorientierter Heilpflanzen-Datenbanken im Internet
ISBN 978-3-8382-0092-7

Ansgar Muhle

DEUTSCHE GESUNDHEITSPORTALE IM NETZ

Kritische Einschätzung anhand der gängigen Qualitätssiegel

ibidem-Verlag
Stuttgart

Bibliografische Information der Deutschen Nationalbibliothek
Die Deutsche Nationalbibliothek verzeichnet diese Publikation in der Deutschen Nationalbibliografie; detaillierte bibliografische Daten sind im Internet über http://dnb.d-nb.de abrufbar.

Bibliographic information published by the Deutsche Nationalbibliothek
Die Deutsche Nationalbibliothek lists this publication in the Deutsche Nationalbibliografie; detailed bibliographic data are available in the Internet at http://dnb.d-nb.de.

∞

Gedruckt auf alterungsbeständigem, säurefreien Papier
Printed on acid-free paper

ISSN: 1869-6627

ISBN-10: 3-8382-0086-1
ISBN-13: 978-3-8382-0086-6

Printed in Germany

Inhaltsverzeichnis **Seite**

1. Einleitung

In früheren Jahrhunderten hat man bei gesundheitlichen Problemen, seien es Kopfschmerzen, Zahnentzündungen, Frauenleiden, Schlafstörungen, Verdauungsproblemen, Hühneraugen oder Pusteln den Bader (wenn man wenig Geld hatte), den Arzt oder Pastor befragt. Oder man schlug noch zu Beginn des letzten Jahrhunderts beim erstmals 1890 erschienenden „Hausdoktor" nach, der die 600 bewährtesten Hausarzneimittel gegen fast alle vorkommenden Krankheiten übersichtlich auf 96 Seiten auflistete.

Heute hat sich vieles verändert. Auf dem Gesundheitsmarkt gibt es ein riesiges Angebot an Informationen. Hierbei hat insbesondere das Internet in den letzten 10 Jahren eine rasante Entwicklung erfahren und stellt eine nahezu unüberschaubare Vielzahl an Gesundheitsinformationen bereit.

Gibt man bei „Google" beispielsweise den Begriff "Kopfschmerzen" ein, findet die Suchmaschine 2,79 Millionen Treffer in 0,06 Sekunden (1).

Mit dem Angebot ist auch die Nachfrage nach Informationen gewachsen. So sind im Jahr 2008 im „Journal of Medical Internet Research" (2) die Ergebnisse einer Studie „eHealth Trends in Europe 2005-2007: A Population-Based Survey" vorgestellt worden. Eine telefonische Umfrage in sieben europäischen Ländern, darunter auch Deutschland ergab, dass die Prozentzahl der Bevölkerung, die das Internet für Recherchen zum Thema Gesundheit genutzt hat, von 42,3% im Jahr 2005 auf 52,2% in 2007 gestiegen ist.

Eine andere in den USA durchgeführte Studie „Pew Internet & Life Project, Online Health Search 2006“ (3) zeigt, dass 80% der vernetzten US-Amerikaner - etwa 113 Millionen Menschen - das Internet für gesundheitsbezogene Recherchen nutzen. Die Informationssuche zu Fitness und Krankheiten bzw. Krankheitsvermeidung hat mittlerweile solche Ausmaße angenommen, dass die Internetsurfer als "E-patients" oder "E-caregivers" bezeichnet werden. Von diesen sagen 53%, dass die gefundenen Informationen auch ihr Verhalten beeinflusse – entweder als Pflegende oder als direkt Betroffene.

Suchmaschinenbetreiber haben hierbei eine Schlüsselstellung, da nach Erkenntnissen der zuvor genannten Studie 66% der E-Patienten ihre gesundheitsbezogene Recherche über eine der großen Internet-Suchmaschinen wie „Google“ oder „Yahoo“ beginnen.

Aus dem enormen Angebot und der gewachsenen Nachfrage heraus ergibt sich, dass dem Nutzer Hilfestellungen angeboten werden müssen, damit er mit vertretbarem Aufwand die für ihn geeignete Gesundheitsseite finden kann, die ihm möglichst zuverlässige Informationen zur Verfügung stellt.

Es hat dabei bereits in der Vergangenheit erste Vergleiche der „Medizinseiten“ gegeben wie z.B. durch „Stiftung Warentest“ (4) oder „Capital“ (5). Die schnelle Entwicklung in diesem Bereich - einige der untersuchten Portale, z.B. „Gesundheitsscout 24“ und „Gesundheitspilot“ gibt es 2009 schon nicht mehr, neue wie beispielsweise „patienten-information.de“ von der Bundesärztekammer sind im September 2008 hinzugekommen - zeigt aber, dass es wichtig und notwendig ist, aktuelle Untersuchungen durchzuführen und auch in mehr oder weniger regelmäßigen Abständen zu wiederholen.

Die folgende Untersuchung soll deshalb einen kritischen und aktuellen Überblick der wichtigsten privaten und staatlich geförderten Gesundheitsportale geben und diese anhand ausgewählter Kriterien bewerten.

2. Ziel und Aufgabenstellung

Ziel und Aufgabenstellung dieser Studie ist der Vergleich von ausgewählten und bedeutenden Massenportalen zum Thema Gesundheit in Deutschland. Dafür wurden die vier größten Anbieter ausgewählt:

a) „Netdoktor“ (6) als europaweit größter Gesundheitsdienst mit Präsenz in mehreren europäischen Ländern,
b) „Onmeda“ (7) (früher M-WW) als Gesundheitsportal mit einer breiten Palette an medizinischen Themen,
c) „Lifeline“ (8) als ein weiteres größeres Portal in Deutschland und
d) „GesundheitPro“ (9) , ein im letzten Jahr stark gewachsenes Portal.

Zusätzlich wurden die Webseiten

e) „Focus Gesundheit“ (10) als führende Gesundheitsseite eines Nachrichtenverlages und
f) „Gesundheitsinformation“ (11) als offizielle Seite des „IQWiG“, dem „Institut für Qualität und Wirtschaftlichkeit im Gesundheitswesen“

in die Untersuchung einbezogen.

Die genannten Portale werden im Folgenden nach einem einheitlichen Schema vorgestellt und bezüglich der Inhalte und Qualität geprüft und bewertet. Im empirischen Teil wird ermittelt wie transparent die Seiten gestaltet sind und wie schnell der Nutzer zum Suchbegriff „Migräne", der als Beispiel für eine gezielte Recherche ausgewählt wurde, die für ihn wichtigen Informationen findet.

Darüber hinaus sollen folgende Hypothesen näher untersucht werden (12):

These 1: Der interessierte Patient ist ein mündiger Bürger und wird nur Portalen trauen, die kompetent und unabhängig die für ihn wichtigen Informationen vermitteln und kann diese auch bezüglich ihrer Zuverlässigkeit bewerten.

These 2: Die Gesundheitsportale werden zwar genutzt, aber noch sind Empfehlungen des Apothekers, der Freunde, der Familie wichtiger für Entscheidungen in Bezug auf Gesundheitsvorsorge, Arzneimittelkauf im Rahmen der Selbstmedikation und persönliche Fitness.

These 3: Das Internet ist immer noch einem schnellen Wandel unterworfen und es ist nicht absehbar, welche die großen Massenportale der Zukunft zum Thema Gesundheit sein werden, da die Zukunft der Portale aufgrund der noch immer gering ausgeprägten Zahlungsbereitschaft für Informationsdienstleistungen aus dem Internet ungewiss ist.

These 4: Die informativen Möglichkeiten des Internets führen dazu, dass banale Erkrankungen zunehmend ohne Besuch des Arztes oder des Apothekers behandelt werden. Bei komplexen Erkrankungen werden weiterhin Arzt und Apotheker eine entscheidende Rolle spielen. Allerdings muss der Einzelne in der Lage sein, dies beurteilen zu können, ohne dass eine dringende Behandlung verzögert wird.

3. Material und Methode

Zur besseren Einordnung können vier Arten von Gesundheitsportalen unterschieden werden (13), wobei die Grenzen fließend sind:

a) das Massenportal, das einen breiten Themenkreis für eine große Anzahl von Interessenten aufbereitet. Kennzeichnend ist eine hohe Informationsbreite und die Ausrichtung auf das Laienpublikum (z.B. „Netdoktor", „Lifeline"),

b) Themen und Indikationsportale, die den Schwerpunkt auf bestimmte Krankheitsbilder legen und sich durch eine hohe Informationstiefe auszeichnen (z.B. „darmkrebs.de"),

c) das Produktportal, das firmenübergreifend ein thematisches Angebot mit Shopping-Möglichkeiten oder gezielten Produkt- und Dienstleistungsinformationen bereitstellt (z.B. „aspirin.de", „kopfschmerzen.de") sowie

d) der Marktplatz, der Redaktionelles, Links auf andere Portale, Beratung und Shopping verknüpft und eine Verteilungsfunktion übernimmt (z.B. „meine-gesundheit.de").

Diese Untersuchung bezieht sich ausschließlich auf die erstgenannten Massenportale. Eine weitere nachvollziehbare Selektion wurde getroffen, indem entsprechend der typischen Vorgehensweise der Nutzer bei der Suche nach Informationen im Internet die drei Suchbegriffe „Husten", „Sonnenallergie" und „Hämorrhoiden" bei „Google" und „Yahoo" eingegeben wurden. Diese Suchbegriffe wurden beispielhaft ausgewählt, weil jeweils viele Menschen betroffen sind und mit hoher Wahrscheinlichkeit nicht sofort ein Arzt aufgesucht wird. Bei allen Begriffen gehören die ausgewählten Gesundheitsportale zu den Erstgenannten (mit Ausnahme der IQWiG-Seite „Gesundheitsinformation") und werden somit vom Nutzer wahrgenommen. Ein Indiz hierfür ist auch der „SUMAXX" (14), der die Suchmaschinen-Reichweiten verschiedener Webseiten innerhalb einer Branche auswertet und der die meisten der hier untersuchten Portale unter den TOP 10 in der Branche Gesundheit & Medizin auflistet (15).

Dementsprechend sind dort folgende 10 Portale im vierten Quartal 2008 zum Thema „Medizin & Gesundheit" genannt:

Rang	Website	Reichweite (max=100)	Veränderung zum III. Quartal 2008
1	Netdoktor.de	49,40	1 (=)
2	Onmeda.de	43,50	2 (=)
3	Wikipedia.org	33,20	3 (=)
4	Medizinfo.de	24,40	4 (=)
5	Vitanet.de	15,15	5 (=)
6	Gutefrage.net	10,90	14 (+8)
7	Gesundheitpro.de	10,50	6 (-1)
8	Medhost.de	10,05	8 (=)
9	Focus.de	8,85	10 (+1)
10	G-netz.de	8,35	7 (-3)

Einen oberen Platz in der SUMAXX-Rangliste erreichen dabei Webseiten, die für eine Vielzahl von Suchbegriffen sehr häufig unter den ersten Suchmaschinen-Ergebnissen zu finden sind. Das gelingt allerdings vor allem Unternehmen, die ihre Webseite konsequent auf Suchmaschinen ausrichten und die Regeln der Listung kennen.

Zusätzlich werden diese Ergebnisse durch die Auswertungen der Arbeitsgemeinschaft Online Forschung „AGOF" (16) und der „IVW" (Informationsgemeinschaft zur Feststellung der Verbreitung von Werbeträgern e.V.) (17) gestützt. Sie bestätigen, dass die genannten Portale (Ausnahme: „Gesundheitsinformation") zu den derzeit meistbesuchten Seiten in Deutschland gehören. Beide Gemeinschaften messen die Akzeptanz und Beliebtheit ausgewählter Webseiten.

Die „IVW" ist seit 1949 eine Einrichtung der deutschen Werbewirtschaft zur Ermittlung und Bereitstellung valider Daten für die Leistungskontrolle von Werbeträgern. Ursprünglich als Einrichtung zur Auflagenkontrolle der Printmedien geschaffen, wurde der Tätigkeitsbereich auch auf Onlinemedien ausgedehnt. Im März 2009 unterstanden insgesamt 905 Online-Werbeträger der IVW-Kontrolle.

Die AGOF wurde im Dezember 2002 gegründet und ist ein Zusammenschluss der führenden Online-Vermarkter. Aufgabe und Zweck der AGOF ist es, unabhängig von Individualinteressen für Transparenz und praxisnahe Standards in der Internet und Online-Werbeträgerforschung zu sorgen.

Zu berücksichtigen ist dabei, dass beide Arbeitsgemeinschaften Branchenvertreter sind und von diesen auch kontrolliert und beeinflusst werden. Somit können die Ergebnisse nur bedingt objektiv sein und sollten nur als ungefähre Richtlinien dienen.

Die ausgewählten Portale werden im Folgenden dargestellt und anhand nachfolgend genannter Kriterien einer Bewertung unterzogen.

- Zuerst wird allgemein beschrieben, wie die Portale aufgebaut sind, welches Ziel verfolgt wird, wie die Reichweite aussieht, welche Inhalte - der so genannte Content - angeboten werden, ob es interaktive und individualisierte Angebote gibt, ob sich durch Foren und „Chats" weitere Diskussionsmöglichkeiten für den Nutzer ergeben und ob die Informationen aktuell sind.
- Danach wird die Qualität, Unabhängigkeit und Klarheit der dargestellten Informationen geprüft. Hierzu werden zuerst die drei gängigen Prüfinstrumente näher vorgestellt, die dann jeweils auf die Portale angewendet werden.
- Des Weiteren wird die Qualität der Webseiten aus Nutzersicht untersucht, indem anhand eines Beispiels geprüft wird, ob der Nutzer schnell und einfach relevante Informationen mit einer definierten Qualität erhalten kann.

Um abschließend die Einschätzung der gelisteten Portale auf eine empirische Grundlage zu stellen, wurde zusätzlich ein Fragebogen entwickelt und ausgewertet. Dieser Fragebogen wurde per Internet an ca. 100 Teilnehmer verschickt und fragt die subjektive Einschätzung der vorgestellten Portale ab.

4. Die wichtigsten Gütekriterien zur Bewertung gesundheitsrelevanter Webseiten

Der Nutzer kann inzwischen im Internet eine fast unbegrenzte Anzahl an Webseiten aufsuchen, um für ihn relevante, aber auch viele irrelevante Informationen zu bekommen. Da das Internet bis heute kaum einer Kontrolle unterliegt, finden sich hier auch viele unseriöse Webseiten. Diese lassen sich nicht einfach verbieten, ohne den Anspruch des Internets als Mittel der Informationsbeschaffung und -erstellung für den Einzelnen in Frage zu stellen. Aus diesem Grunde haben sich in den letzten Jahren diverse Initiativen gebildet, um den Nutzern von Gesundheitswebseiten Hilfestellung anzubieten. Zwei Gütesiegel für Webseiten und ein Instrument zur Bewertung der Gesundheitsinformationen spielen hierbei eine besondere Rolle. Dabei ist zu beachten, dass diese Instrumente vor allem auf die Erfüllung formaler Kriterien zielen. Die Inhalte selbst werden nicht geprüft.

Die Gütekriterien werden zuerst dargestellt und anschließend zur Bewertung der einzelnen Webseiten benutzt und diskutiert.

4.1. Der HON Code

Das bekannteste Gütesiegel für gesundheitsbezogene Webseiten wird von der Stiftung „Health On the Net (HON)“ vergeben (18). Diese gemeinnützige, nichtstaatliche Organisation wurde 1995 in der Schweiz gegründet und ist vom UN-Wirtschafts- und Sozialrat anerkannt. Die Mission der Stiftung ist es, Laien und Medizinern zu helfen, nützliche und zuverlässige medizinische Informationen im Internet zu finden. HON hat hierzu den so genannten „HON code of conduct" (kurz: HON Code) erarbeitet, auf dessen Basis Informationsquellen im „WWW“ nach formalen Kriterien bezüglich ihrer Zuverlässigkeit und Glaubwürdigkeit bewertet werden können. Für die Vergabe des Gütesiegels werden Inhalte durch die „HON Foundation“ auf die Einhaltung der vorgegebenen formalen Kriterien sowohl bei der erstmaligen wie auch bei nachfolgenden Bewertungen in regelmäßigen Zeitabständen überprüft. Die Nutzung des Gütesiegels ist kostenlos und die Zertifizierung einer Internetseite kann wiederum auf der Internetseite der HON Foundation überprüft werden. Gegenwärtig tragen ca. 4000 Webseiten in 72 Länder das HON Gütesiegel.

Die der Bewertung zugrunde liegenden HON Code Prinzipien (19) sind folgende:

1. Alle medizinischen und gesundheitsbezogenen Ratschläge, die auf dieser „Website“ erteilt werden, werden nur von medizinisch/gesundheitswissenschaftlich geschulten und qualifizierten Fachleuten gegeben; andere Information wird eindeutig als nicht von Fachleuten bzw. medizinischen Organisationen stammend gekennzeichnet.

2. Die Information auf der Webseite ist so angelegt, dass sie die existierende Arzt-Patienten-Beziehung unterstützt und keinesfalls ersetzt.

3. Die Webseite respektiert die Vertraulichkeit von Daten, die sich auf individuelle Patienten und Besucher von medizinisch/gesundheitsbezogenen Webseiten beziehen, einschließlich deren Identität. Die Webseiten-Betreiber verpflichten sich, die juristischen Mindestanforderungen, die für medizinische/gesundheitsbezogene Daten im jeweiligen Land/Staat der „Website" existieren, einzuhalten oder zu übertreffen.

4. Wo immer möglich und sinnvoll, werden alle Informationen auf der Website mit Referenzen auf die Quelle oder mit entsprechenden „HTML-Links" versehen. Auf Seiten mit klinischen Informationen wird das Datum, an dem die Seite das letzte Mal geändert wurde, klar angezeigt (z.B. am Fuß der Seite).

5. Alle Angaben bezüglich des Nutzens/der Wirksamkeit einer bestimmten Therapie, eines kommerziellen Produkts oder Dienstes werden durch geeignete, ausgewogene wissenschaftliche Beweise unterstützt.

6. Die Gestalter der Informationen auf der Webseite bieten Informationen so klar wie möglich dar und geben Kontaktadressen für Benutzer mit Fragen nach weiteren Informationen oder Hilfestellung an. Der Webmaster gibt seine/ihre Email-Adresse auf der gesamten Webseite an.

7. Sponsoren und Unterstützer der Webseite werden klar genannt, einschließlich kommerzielle und nicht-kommerzielle Organisationen, die finanzielle Mittel, Dienstleistungen oder Material

für die Webseite zur Verfügung gestellt haben.

8. Sofern Werbung eine Einnahmequelle ist, wird auf diese Tatsache klar hingewiesen. Eine kurze Darstellung der Werberichtlinien der Webseitenbetreiber findet sich auf der Seite. Werbung und anderes der Verkaufsförderung dienendes Material wird Benutzern in einer Art und in einem Kontext dargeboten, der eine klare Trennung zwischen Werbung und originalem Inhalt, der von der webseitenbetreibenden Institution hergestellt wurde, ermöglicht.

4.2. Das afgis-Logo

Die Abkürzung afgis (20) steht für das „Aktionsforum Gesundheitsinformationssystem e.V.", einem Zusammenschluss von Verbänden, Unternehmen und Einzelpersonen. Das Aktionsforum will die Qualität von Informationen zu Gesundheitsfragen fördern. Dazu vergibt der Verein ein Qualitätslogo, das qualitativ hochwertige Angebote mit Gesundheitsinformationen im Internet kennzeichnet. Um dieses zu erhalten, stellen die jeweiligen Anbieter Zusatzinformationen über sich und ihre Inhalte zur Verfügung. Damit soll eine ausreichende Transparenz für Informationssuchende hergestellt und die Verlässlichkeit der Informationen leichter bewertbar sein. Für das Qualitätslogo zahlt der Anbieter eine Jahresgebühr von bis zu Euro 300. Aktuell hat die „afgis e.V." 95 Mitglieder, vor allem aus Deutschland.

Zur Gewährleistung einer ausreichenden Transparenz wurden folgende Merkmale (21) festgelegt:

1. Anbieter:
   Um die auf einer Webseite vermittelten Informationen besser einschätzen zu können, ist es wichtig zu wissen, welche Personen oder Institutionen hinter diesen Informationen stehen. Sofern dazu keine Angaben auf der Webseite selbst bereitgestellt werden, gibt das vorgeschriebene Impressum einen ersten Hinweis.
2. Ziel, Zweck und angesprochene Zielgruppen
   Um Gesundheitsinformationen richtig aufnehmen und verstehen zu können, ist es wichtig anzugeben, an welche spezifische Zielgruppe sich diese Information richtet.

3. Autoren und Datenquellen der Informationen
   Für die Seriosität und Verlässlichkeit von Gesundheitsinformationen ist es von entscheidender Bedeutung zu erfahren, wer die Autoren sind und auf welche Datenquelle sie bei der Erstellung zurückgegriffen haben.

4. Aktualität der Daten
   Die Gesundheitsinformationen sollten sich immer am aktuellen Erkenntnis- und Forschungsstand orientieren.

5. Möglichkeit für Rückmeldungen seitens der Nutzer
   Das Angebot, dem Nutzer von Gesundheitsinformationen die Gelegenheit einer Rückmeldung (Anregungen, Probleme, Kritik) zu geben, zeigt gleichermaßen auch das Interesse des Anbieters, sich direkt mit den Nutzern auseinander zu setzen, um die Informationen kontinuierlich zu verbessern.

6. Verfahren der Qualitätssicherung
   Ob den Anbietern von Gesundheitsinformation die inhaltliche Qualität ihrer Internetseiten am Herzen liegt und mit welchen Methoden sie diese sichern, gibt dem Nutzer eine gewisse Sicherheit über die Verlässlichkeit der Informationen. Dies kann zum Beispiel durch einen Hinweis unterstützt werden, dass Texte regelmäßig aktualisiert oder von unabhängigen Experten gegengelesen werden, oder auch, dass nur Quellen herangezogen werden, die für jedermann überprüfbar sind.

7. Trennung von Werbung und redaktionellem Beitrag
   Es muss für jeden Nutzer auf den ersten Blick klar erkennbar sein, ob es sich bei den online- Texten um redaktionelle Inhalte oder gezielte Produktinformationen (Werbung) mit dem Ziel der Verkaufsförderung handelt.

8. Finanzierung und Sponsoren
   Es soll ersichtlich sein, wodurch sich der Anbieter finanziert und durch wen er gegebenenfalls gefördert wird. Wer diese Hintergrundinformationen angibt, zeigt damit, dass er sich als Anbieter um Neutralität und Offenheit bemüht.
9. Kooperationen und Vernetzung
   Hier soll der Betreiber der Internet-Seite offen legen, wie sein Unternehmen oder seine Institution mit anderen Organisationen oder Unternehmen verknüpft ist. Das gibt dem Benutzer Aufschluss über etwaige Abhängigkeiten (z.B. wirtschaftliche Verflechtungen, Geldgeber etc.) und lässt eine differenziertere Bewertung der angebotenen Informationen zu.
10. Datenverwendung und Datenschutz
   Mit dieser Information gibt der Betreiber der Internet-Seite an, ob die individuellen Angaben der Benutzer dauerhaft bzw. temporär gespeichert werden, ob und in welcher Form Daten an Dritte weitergeben werden und wie mit gespeicherten personenbezogenen Daten umgegangen wird. Um die Seriosität von Gesundheitsinformationen und den Schutz personenbezogener Daten bestmöglich sicherzustellen (z.B. über eine allgemein anerkannte Datenschutzerklärung), muss gerade der Umgang mit diesen Daten sehr gut erklärt und abgesichert werden. Durch diese Erklärung kann der Nutzer selbst entscheiden, ob er seine Daten preisgibt oder nicht.

4.3. Das DISCERN-Instrument

DISCERN (22) wurde ursprünglich für den Gebrauch bei gedruckten Patienteninformationen entwickelt, kann aber ebenso als nützliches Instrument für die Bewertung von Patienteninformationen im Internet verwendet werden. Es gibt inzwischen eine Fülle von schriftlichen Patienteninformationen über Behandlungsalternativen von verschiedensten Anbietern. Nicht alle weisen eine gute Qualität auf, und nur ein kleiner Anteil basiert auf wissenschaftlich anerkannten Nachweisen. Viele der verfügbaren Publikationen enthalten ungenaue oder für den Nutzer verwirrende Empfehlungen, und es kann schwierig zu entscheiden sein, welche Informationen akzeptabel sind und welche nicht.

Mit der Entwicklung des DISCERN-Instrumentes sollte Patienten eine Hilfestellung angeboten werden, um sich im Internet selbstverantwortlich informieren und auf Gespräche mit seinem behandelnden Arzt vorbereiten zu können. Im Idealfall führt ein solches Gespräch zu einer partnerschaftlichen Entscheidungsfindung („shared decision model") und einer optimalen Behandlung, vorausgesetzt, der Patient hat die ihm vermittelten Informationen in zweckmäßiger Weise verarbeitet.

Qualitativ gute Patienteninformationen über Behandlungsalternativen müssen exakt, plausibel und verständlich sein und auf der besten und aktuellsten wissenschaftlichen Evidenz basieren. Sie sollten helfen, alle Aspekte eines möglichen Behandlungsverfahrens zu berücksichtigen, einschließlich der zu erwartenden Behandlungsergebnisse. Sie thematisieren alle Bereiche, zu denen bislang noch Unsicherheit herrscht.

DISCERN ist ein Instrument bzw. Hilfsmittel, das entwickelt wurde, um Nutzern von Patienteninformationen zu helfen, die Qualität von Patienteninformationen über Behandlungsalternativen einzuschätzen. Im Gegensatz zum HON Code oder afgis-Logo wird kein Qualitätslogo vergeben, sondern dem Nutzer ein Instrument an die Hand gegeben, mit dessen Hilfe er selbstverantwortlich Informationen prüfen und bewerten kann.
Allerdings kann das Instrument nicht zur Bewertung der wissenschaftlichen Qualität oder der Korrektheit der Literatur, die einer Publikation zugrunde liegt, verwendet werden. Mit seiner Hilfe kann lediglich die Einhaltung bestimmter formaler Kriterien überprüft werden.

DISCERN kann von Laien ohne spezielles medizinisches Vorwissen genutzt werden. Im Einzelnen werden acht Fragen zur Zuverlässigkeit der Informationen gestellt, die der Patient selbst beantworten muss:

1. Sind die Ziele der Publikation klar definiert?
2. Werden diese Ziele erreicht?
3. Ist die Publikation bedeutsam?
4. Werden klare Angaben zur Informationsquelle gegeben?
5. Sind Zeitangaben genannt?
6. Ist die Information ausgewogen?
7. Wird auf weiterführende Lektüre verwiesen?
8. Äußert sich die Publikation auch zu Bereichen, zu denen keine gesicherten Informationen vorliegen?

Des Weiteren werden sieben Fragen zur Qualität gestellt:

1. Wird die Wirkungsweise beschrieben?
2. Wird der Nutzen erwähnt?
3. Werden Risiken genannt?
4. Wird auf die Folgen einer Nichtbehandlung hingewiesen?
5. Wird der Einfluss der Verfahren auf die Lebensqualität beschrieben?
6. Wird deutlich, dass es mehrere Behandlungsverfahren geben kann?
7. Bietet die Information eine Hilfestellung für die partnerschaftliche Entscheidungsfindung?

Abschließend wird aus den Antworten der fünfzehn genannten Fragen eine Gesamtbewertung über die Publikation hinsichtlich ihrer Qualität als Informationsquelle über Behandlungsalternativen ermittelt.

5. Analyse ausgewählter Portale

Die Analyse der ausgewählten Gesundheitsportale erfolgt in einer weitgehend standardisierten Form, wobei nach einem kurzen, wertenden Überblick über das jeweilige Portal schwerpunktmäßig auf die vermittelten Inhalte und deren Qualität eingegangen wird, um anschließend die Ergebnisse zu vergleichen. Die Inhalte der Gesundheitsportale sollen entsprechend einer Studie der Unternehmensberatung „Pricewaterhouse Coopers“ (23) in so genannte informative Inhalte (*Content*), interaktive Angebote (*Care*), Diskussionsforen (*Community*), Kaufmöglichkeiten (*Commerce*) sowie Interaktionsprozesse innerhalb integrierter Netzwerke (*Cycle*) untergliedert werden. Letzteres wird hier jedoch nur der Vollständigkeit halber genannt und im Folgenden nicht weiter erwähnt, da es in Deutschland noch nicht realisiert ist.

5.1. Portal „Netdoktor“

5.1.1. Überblick

„Netdoktor“ startete ursprünglich in Dänemark, war dort erfolgreich und ist inzwischen in ganz Europa präsent (24). Umfangreiche, gut gegliederte Inhalte zu zahlreichen Themen rund um Gesundheit und Krankheit sind auf diesen Seiten zu finden. Der letzte „Relaunch“ des Portals wurde im September 2008 durchgeführt.

Hinter Netdoktor steht seit Juli 2007 mit der Holtzbrinck-Verlagsgruppe eines der führenden Medienunternehmen in Deutschland. Der Gruppe gehört neben „Die Zeit“ und „Handelsblatt“ auch eine Vielzahl von regionalen Zeitungen. Über ihre Tochterunternehmen „Holtzbrinck Networks“ und „Holtzbrinck eLAB“ hält sie ausgewählte Beteiligungen auch an anderen Internetunternehmen wie beispielsweise „Helpster.de“ (Artztsuche), „Arzt-Preisvergleich.de“, „buecher.de“, „Parship.de“ (Partnervermittlung) und „StudiVZ.de“ (Soziales Studenten-Netzwerk).

„Netdoktor“ bezeichnet sich selbst als das führende Gesundheitsportal in Deutschland. Zielgruppe sind Menschen zwischen 30 und 49 Jahren mit einem großen Interesse an Gesundheitsthemen. Diese Aussage ist zutreffend, wenn nur die reinen Gesundheitsportale betrachtet werden und kann durch Zahlen der bereits genannten Dienstleister zur Messung von Online-Nutzungszahlen AGOF und IVW belegt werden. Laut AGOF wird im vierten Quartal 2008 eine

Nettoreichweite[1] von 1,05 Millionen sogenannten „unique usern"[2] gemessen (25). Die Webseite belegt somit den 81-ten Platz unter 550 dort gelisteten Anbietern. Die IVW Zahlen aus Dezember 2008 (26) weisen eine Zahl von 2.444.878 sogenannten „visits"[3] aus. Die Tendenz ist leicht steigend.

Ein genauer Blick in die Nutzungsdaten (27) zeigt, dass die Nutzer überwiegend den redaktionellen Inhalt lesen (ca. 86%). „User generierte Inhalte" (wie Diskussionsforen) werden zu 8%, Suchmaschinen und Auskunftsdienste (wie Arztsuche) zu 6% deutlich weniger genutzt.

Das Portal ist klar strukturiert und übersichtlich aufgebaut. Die Nutzung ist für den Informationssuchenden kostenlos. Die Finanzierung der Seite erfolgt überwiegend über den Verkauf von Werbebannern, „Popups" im Portal, sowie Anzeigen im „Newsletter". Des Weiteren können einzelne Themen (z.B. Zähne oder Ernährung) gesponsert werden. Auch werden interessierten Unternehmen „online Informationsbereiche" für deren Internetauftritt und Marktforschung angeboten.

Die „Medizin-News" werden tagesaktuell übernommen, die unter „Aktuell" beschriebenen „Features" können allerdings auch mehrere Wochen alt sein.

---

[1] Definition Nettoreichweite: „Anzahl der Personen, die im Ausweisungszeitraum mindestens 1 Kontakt mit dem Werbeträger hatten

[2] Definition „unique user": Er drückt aus, wie viele Personen in einem bestimmten Zeitraum Kontakt mit einem Werbeträger bzw. einzelnen Belegungseinheiten hatten

[3] Definition „visits": Messgröße für die Zugriffszahlen auf Webseiten

5.1.2. Inhalte

Content: Folgende Informationen und Dienste werden auf „Netdoktor" angeboten:

Gesund Leben: Dieser Schwerpunkt wurde mit dem letzten „relaunch" neu aufgenommen und betont die Vorsorge als Gegenpol zur Krankheitsorientierung. Hier wird über wichtige Kontrolluntersuchungen, richtige Ernährung, Sport und Sexualität informiert. Außerdem wird auf Fragen von Eltern zur Gesundheit ihrer Kinder eingegangen.

Krankheiten: Hier gibt es Hintergrundinformationen zu über 500 Krankheiten. Ursachen, Symptome und Behandlungen zu den einzelnen Erkrankungen werden vorgestellt und zudem Tipps für den Arztbesuch gegeben und erklärt, was man selber tun kann.
Specials: Hier werden weitere gesundheitsbezogene Themengebiete von Alkohol bis Weiblichkeit behandelt. Die *Specials* fassen aktuelle Entwicklungen, bekannte Krankheiten und Tipps übersichtlich zusammen.

Lexika: Hier können nach Stichworten sortiert, Fragen zu folgenden Themen beantwortet werden:

a) Symptome: Häufige Symptome mit einer Liste der Krankheiten, die sich dahinter verbergen könnten.
b) Medikamente: Das Medikamenten-Lexikon umfasst mehr als 1000 Wirkstoffe und 6000 Präparate und beruht auf den vom Bundesinstitut für Arzneimittel und Medizinprodukte (BfArM) anerkannten Fachinformationen.

c) Diagnostik & Behandlungen: Hier gibt es Informationen über Untersuchungen, Laborwerte und Eingriffe und welchem Zweck sie dienen.

Darüber hinaus werden unter *News* tagesaktuelle Neuigkeiten aus Forschung, Politik und Medizin ins Netz gestellt, die auch per „Newsletter" täglich an angemeldete Nutzer verschickt werden. Im „Magazin" werden ausgewählte Themen ausführlicher in Form von Reportagen, Features, Interviews und Berichten behandelt, z.B. wird ein Überblick über die Einführung des Gesundheitsfonds gegeben.

Care: Es werden folgende Serviceleistungen offeriert:

a) eine Arzt- und Klinik-Suche (allein z.B. für die Postleitzahl 60385 werden 12 Notfalleinrichtungen mit Öffnungszeiten und Adresse im Umkreis von 6,5 km gelistet)
b) „Downloads" wie Vorlagen für Patientenverfügungen, Röntgenpässe und Impfkalender für alle Altersstufen,
c) eine Datenbank für ICD-Ziffern, um die Diagnose des Arztes besser zu verstehen,
d) eine Auflistung von Selbsthilfegruppen sortiert nach Zielgruppen bzw. Krankheiten und mit vollständigen Kontaktadressen,
e) Tests oder Quizfragen, um neben der Vermittlung von Wissen und Anregungen eine bessere Kundenbindung zu erreichen,
f) eine Liste an Notrufnummern sowie seit kurzem
g) „Medizin TV" (hier können zu ausgewählten Themen hilfreiche Kurzvideos angeschaut werden, z.B. wie zur Brustkrebsvorsorge die eigene Brust auf Knoten abgetastet werden sollte).

Community: Es werden Diskussionsforen – thematisch sortiert – über

Krankheiten, Politik und Forschung angeboten. Hier tauschen sich vor allen Nutzer aus. Experten treten nicht oder zumindest nicht erkennbar in Erscheinung.

Commerce: Es gibt kein Angebot zum Verkauf von Büchern, Seminaren, Medikamenten, Gesundheitsreisen etc.

5.1.3. Qualität

„Netdoktor" führt das HON Siegel und erfüllt somit die 8 Prinzipien des HON Codes. Angaben zur Qualifikation der Verfasser (Sachverständnis) sind enthalten, die Informationen werden zur Unterstützung und nicht als Ersatz der Arzt-Patienten-Beziehung gegeben, auf den Umgang mit den Daten wird hingewiesen, Quelle und Datum der Informationen werden angegeben, Behauptungen bezüglich Nutzen und Effizienz sind belegt, die Darstellung ist zugänglich und ein genauer Emailkontakt möglich, die Finanzierungsquellen sind angegeben und der Werbeinhalt ist klar vom redaktionellen Inhalt unterschieden .

Das afgis Logo ist nicht beantragt worden. Trotzdem werden auch die meisten der dort definierten Transparenzkriterien eingehalten.

Deutliche Mängel sind jedoch bezüglich der Transparenz der Anbieter zu erkennen. So wird nicht klar, wer der Eigentümer dieser Seite ist und welche Ziele er verfolgt. Nur indirekt kann man über das Lesen der Historie erfahren, dass das Portal zum Holtzbrinck Konzern gehört. Es wird aber darüber informiert, wer für den redaktionellen Inhalt verantwortlich ist und wer die Seite werblich betreut und vermarktet.

Allerdings könnte die Quelle und das Datum der letzten Überarbeitung von redaktionellen Inhalten deutlicher hervorgehoben werden, und es fehlt ein direkter Link zum verantwortlichen Redakteur. Derzeit gibt es nur den Verweis zu einer allgemeinen Emailadresse (info@netdoktor.de).

Zur Beurteilung der Qualität der Patienteninformationen über Behandlungsalternativen wird das DISCERN-Instrument auf Informationen zum Thema „Hämorrhoiden" (28) angewendet.

Die bei Netdoktor gegebenen Informationen erfüllen die meisten Zuverlässigkeitskriterien. Es ist klar, für wen die Informationen angeboten werden, die Angaben zur Informationsquelle (u.a. Deutsches Ärzteblatt Januar 2005) werden gegeben, es werden Zeitangaben genannt (25.10.2007), die Information scheint ausgewogen. Auffällig ist, dass unter „Therapie" die Informationen von einer anderen Person (Melanie Iris Zimmermann) stammen und nicht mit einer Quelle versehen sind. Frau Zimmermann ist zudem nicht unter den Autoren der Redaktion zu finden. Dieser Text wurde wahrscheinlich nachträglich geändert.

Die Qualität des Textes ist gemäß DISCERN gegeben. Die Wirkweise wird beschrieben, Nutzen und Risiken sind erwähnt, es wird auf mehrere Behandlungsverfahren hingewiesen sowie explizit auf die eigenen Möglichkeiten zur Vorsorge. Bei anderen Erkrankungen (Herzrhythmusstörungen) werden zudem Hinweise gegeben, wie sich der Nutzer auf das Arztgespräch vorbereiten kann, sodass wenn nötig Hilfestellungen für die partnerschaftliche Entscheidungsfindung Arzt-Patient gegeben werden.

Unabhängig vom HON Code und der DISCERN-Instrumente sind für den Nutzer zusätzliche Kriterien wie Klarheit und Gestaltung sowie Nutzerfreundlichkeit wichtig.

Klarheit und Gestaltung: Die Informationen sind klar gegliedert und logisch aufgebaut (Beschreibung, Ursachen, Symptome, Diagnose, Therapie, Prognose und Vorbeugen). Die Sätze sind einfach und Fachbegriffe werden erklärt. Es gibt zusätzliche Abbildungen. Da die Texte jeweils kurz sind, ist der Verzicht auf Zusammenfassungen nachvollziehbar.

Service: Die Informationen (mit Ausnahme der Downloads) können zusammenhängend ausgedruckt und die Schriftgröße verändert werden. Somit ist der Text auch den geringergradig Sehbehinderten zugänglich. Allerdings können Autor und Webmaster nicht direkt kontaktiert werden. Die Schnellsuche erleichtert das Finden von gewünschten Inhalten.

5.2. Portal „Onmeda"

5.2.1. Überblick:

„Onmeda" ist ein Gesundheitsportal, dass eine breite Palette an medizinischen Themen abdeckt: von Krankheiten bis hin zu Arzneimitteln und Lexika. Der Anspruch ist es, als unabhängiges Gesundheitsportal den Nutzern zu helfen, ihre Gesundheit selbst aktiv zu beeinflussen und sich in den Heilungsprozess zu involvieren. Die Eigenverantwortung soll aktiviert und gleichzeitig das nötige Wissen mit auf den Weg gegeben werden, denn nur ein gut informierter Patient kann seinen Gesundheitszustand einschätzen und als gleichberechtigter Partner in Behandlungs- und Entscheidungsprozesse einbezogen werden. Dabei bietet die Webseite lautet Eigenangaben (29) wissenschaftlich fundierte und verständlich aufbereitete Informationen zu allen Fragen rund um Gesundheit und Wohlbefinden und zielt dabei insbesondere auf junge Familien, gesundheitsbewusste Frauen und jung gebliebene Senioren.

Das Portal ist 1997 von Wissenschaftlern der „Charité" und des „Berliner Max-Planck- Instituts" unter dem Namen „Medicine-Worldwide" gegründet worden. Im Jahr 2004 wurde das Portal in die „OnVista Group", einem börsennotierten Unternehmen mit Sitz in Köln, integriert und 2005 unter dem Namen „Onmeda" wieder in den Markt eingeführt. Im Oktober 2007 wiederum ist ein Großteil der Anteile der OnVista Group an die französische Firma „Boursorama S.A.", einem großen europäischen Anbieter von Online-Brokerage, Investmentprodukten und Finanz-Webseiten veräußert worden. Das hat auch zu einem Strategiewechsel geführt.

Die neuen Eigentümer haben sich auf das Finanzportal „OnVista" konzentriert und das Gesundheitsportal „Onmeda" im Juni 2008 verkauft. „Onmeda" gehört nunmehr zu der „goFeminin.de GmbH" mit Sitz in Köln, die wiederum dem französischen Unternehmen „auFeminin.com S.A." untersteht. An „auFeminin.com" ist die „Axel Springer AG" mehrheitlich beteiligt. Die „auFeminin.com" Aktiengesellschaft, mit Sitz in Paris, ist Europas führende Online-Plattform für die weibliche Zielgruppe.

Die „Onmeda"-Redaktion setzt sich aus Fachredakteuren und Medizinjournalisten sowie andere Spezialisten aus dem Gesundheitsbereich z.B. Fachärzten, Ernährungswissenschaftlern und Psychologen zusammen.
Der letzte „relaunch" der Webseite wurde im Mai 2008 durchgeführt.

„Onmeda" bezeichnet sich selbst als eines der führenden Gesundheitsportale in Deutschland. Laut AGOF ist im vierten Quartal 2008 eine Nettoreichweite von 0,77 Millionen sogenannten „unique usern" gemessen worden (30). Die Webseite belegt somit den 104ten Platz unter 550 dort gelisteten Anbietern und ist nach „Netdoktor" das am zweithäufigsten besuchte klassische Gesundheitsportal. Die IVW Zahlen vom Dezember 2008 (31) weisen 1.686.673 so genannte „visits" aus. Die Tendenz ist im Vergleich zum Dezember 2007 steigend.

Ein genauer Blick in die Nutzungsdaten (32) zeigt, dass die Nutzer überwiegend den redaktionellen Inhalt lesen (ca. 81%).

„User generierte Inhalte“ (ca. 14%) wie Diskussionsforen halten eine Anteil von 14% und Suchmaschinen, Auskunftsdienste wie die „Arztsuche“ kommen auf 5%. Im Vergleich zu Netdoktor (8%) zeigt sich, dass die zumeist von Experten betreuten Diskussionsforen häufiger genutzt werden.

Das Portal ist gut strukturiert. Auf der linken Seite sind farblich abgegrenzt die verfügbaren Inhalte gelistet, in der Mitte steht der aufgerufene Text und im Hintergrund ist Fläche für Werbeinhalte reserviert. Die Nutzung ist kostenlos. Die Finanzierung erfolgt durch den Verkauf von Werbeflächen innerhalb der Website (z.B. Banner, Links, Wallpaper etc.), über Platzierung von Exklusivthemen, Sponsoring von Texten und speziellen Themen, aber auch durch „email-marketing“ und die Lizenzvergabe von medizinischen Texten für die Internetauftritte von Dritten (33).

Es besteht keine Verlinkung zu aktuellen medizinischen Themen. Hierzu wird auf einen regelmäßigen, monatlich erscheinenden und kostenlosen „Newsletter“ verwiesen, der angefordert werden kann. Die Aktualität der Webseite beschränkt sich auf einen tagesaktuellen Bericht.

5.2.2. Inhalte

Content: Das Portal bietet Inhalte zu den Themen Krankheiten (700), Symptome und Beschwerden (120) sowie Medikamente, Untersuchung und Behandlung an. Dementsprechend gibt es eine Vielzahl von Ratgeberthemen wie Arztbesuch, Zahnmedizin, Gesund Leben, Ernährung, Sexualität & Partnerschaft, Schwangerschaft &

Geburt, Kindergesundheit etc.. Hinzu kommen aktuelle Themen und *Specials* zu ausgewählten Themen (wie z.B. zur Gesundheitskarte). Erwähnenswert ist der interaktive Medikamentencheck. Der Nutzer kann einen Wirkstoff aussuchen und bekommt dazu eine Auflistung aller im Markt vorhandenen rezeptpflichtigen und rezeptfreien Medikamente (z.B. ASS +C). Bei Bedarf wird er auf eine Webseite von „MediPreis" (34) verlinkt, die alle Angebote vom Medikament der führenden Online-Apotheken nach Preis geordnet auflistet, sodass er dann direkt eine Bestellung aufgegeben kann. Außerdem wird ein Symptomcheck angeboten. Um die Zuordnung der Symptome zu erleichtern werden Vorder- und Rückansicht einer Frau bzw. eines Mannes dargestellt. Durch Anklicken der betroffenen Körperregion werden die dort möglichen Symptome aufgezeigt und mit einem weiteren Klick auf ein bestimmtes Symptom finden sich dort Informationen zu Definition, Ursachen, Diagnose und Therapie. Zum Nachschlagen gedacht sind diverse Lexika, ein Lexikon der Persönlichkeiten, ein Lexikon der Anatomie, ein Heilpflanzenlexikon und viele andere.

Care: Es werden vom Promille-Rechner bis zum Vorsorgeplaner viele Tests und interaktive Angebote zu den Schwerpunkten Ernährung, Fitness, Gesundheitsrisiken, Männergesundheit, Schwangerschaft & Geburt, Sucht und Schönheit zur Verfügung gestellt. Außerdem können Nutzer an Umfragen teilnehmen bzw. Ärzte und Kliniken suchen.

Community: Es sind über 40 Foren von Alzheimer bis Zahnmedizin über dieses Portal ins Netz gestellt. Um selbst teilzunehmen ist eine Anmeldung erforderlich. Die Foren werden in den meisten Fällen von einem Experten begleitet. Einige dieser Foren werden von Firmen oder Ärzten gefördert. Die Firma „Merz“ beispielsweise unterstützt das Alzheimer Forum (35). Aktuell werden auch „Chaträume“ zu ausgewählten Themen angeboten, um Nutzern die Möglichkeit zu geben sich austauschen.

Commerce: In der Vergangenheit wurden über das Portal direkte Verkäufe getätigt. Es gab einen „Onmeda“-Shop, der Bücher, Filme und andere Artikel rund um das Thema Gesundheit angeboten hat, inzwischen allerdings eingestellt worden ist. Ein Grund hierfür könnte eine mangelnde Akzeptanz der Nutzer und damit fehlender Ertrag gewesen sein. Inzwischen werden indirekt über „links“ Verweise auf Internetseiten gegeben, auf denen Käufe möglich sind. Arzneimittel beispielsweise können über „Medipreis“ bezogen werden und Bücher über „Amazon“.

5.2.3. Qualität

„Onmeda“ führt die Gütesiegel HON Code und afgis-Logo und erfüllt somit die acht Prinzipien des HON Codes sowie die Transparenzkriterien des „Aktionsforum Gesundheitsinformationssystem“. Das HON Siegel wurde 2008 erneuert, das afgis-Logo stammt aus dem Jahr 2007.
Beim Abgleich der Kriterien fällt auf, dass sehr ausführlich zum Thema Datenschutz informiert wird. Außerdem ist durch den auf jeder Seiten unten angegeben „Disclaimer“ sofort ersichtlich, wer der Anbieter der Inhalte ist („goFeminin.de GmbH“). Die Inhalte der Texte sind sehr aktuell und wurden alle 2008/2009 letztmals überprüft.

Kritisch anzumerken ist, dass nicht klar ist, wer die Texte schreibt, da keine Namen angegeben sind. Bei Anmerkungen kann der Nutzer sich nur allgemein an die Redaktion wenden. Außerdem ist der Verweis, dass es sich um Anzeigen handelt bzw. eine gesponserte Seite sehr klein und kann leicht übersehen werden.

Bei Überprüfung der Informationen am bereits erwähnten Beispiel der Hämorrhoiden (36) mit Hilfe des DISCERN-Instrumentes kann belegt werden, dass die im Portal gegebenen Informationen den meisten Zuverlässigkeitskriterien genügen. Es ist klar ersichtlich, dass die Informationen für Laien geschrieben sind, die Angaben zur Informationsquelle werden gegeben (allerdings nicht zu jeder Seite, sondern nur am Ende des gesamten Textes unter „weiteren Informationen“), es werden Zeitangaben genannt (27.11.2008) und die Information wirkt ausgewogen. Auch die Qualitätskriterien des Textes werden erfüllt. Die Wirkweise wird beschrieben, Nutzen und Risiken erwähnt, es werden nicht nur die medikamentösen Therapien genannt, sondern auch Verödung und operative Therapien erwähnt und explizit auf die eigenen Möglichkeiten zur Vorsorge hingewiesen.

Klarheit und Gestaltung: Darüber hinaus sind die Inhalte umfassend dargestellt und gut gegliedert und zwar nach Überblick, Definition, Ursachen, Symptome, Diagnose, Therapie, Verlauf, Vorbeugen und weitere Informationen. Die Sätze sind verständlich geschrieben, und Fachbegriffe werden erläutert. Zusätzlich erleichtern Abbildungen das Verständnis. Auf jeder Seite sind alle Gliederungspunkte aufgelistet, so dass der Leser leicht erkennt, in welchen Abschnitt er sich befindet.

Service: Alle Informationen können zusammenhängend ausgedruckt werden. Die Schriftgröße kann angepasst werden, um auch Menschen mit Sehproblemen das Lesen zu erleichtern. Zudem können besonders hilfreiche Informationen direkt an Freunde weiter empfohlen werden. Die Schnellsuche unterstützt das Finden von gewünschten Inhalten.

Zusätzlich hat man auf jeder Informationsseite die Möglichkeit direkt ein „feedback“ an die Redaktion zu schicken.

5.3. Portal „Lifeline"

5.3.1. Überblick:

„Lifeline" ist eine weitere Internetplattform, die es sich zum Ziel gesetzt hat, Menschen in Gesundheits- und Krankheitsfragen zu informieren und zu beraten (37). Inhaltliche Schwerpunkte sind mehr als 40 so genannte *Specials* zu medizinischen, aber auch „Lifestyle"- und „Wellness" - Themen.

Hinter dem Portal „Lifeline" steht die „bsmo GmbH" aus Berlin, eine der führenden Healthcare-Agenturen in Deutschland. Sie verfügt über medizinische Fachredaktionen sowie eine enge Verzahnung mit dem wissenschaftlichen „Springer-Verlags-Netzwerk", das mit 5000 Mitarbeitern weltweit der zweitgrößte Wissenschaftsverlag und Marktführer im deutschsprachigen und osteuropäischen Raum ist und den Finanzinvestoren „Candover4 and Cinven" gehört.
Im Besitz von Springer Business Media sind u.a. die Patientenplattform „Yavivo" (38), ein „OTC-Portal", das seinen Nutzern schnelle, praktische und fundierte Informationen und Beratung zu den häufigsten Krankheiten, die mit rezeptfreien Medikamenten behandelt werden können, verspricht und „Medizin-Online" (39), eine Ärzte-Plattform mit über 30.000 registrierten Nutzern und somit einer der größten deutschen Internet-Dienste für Ärzte. Darüber hinaus gehören weitere 60 Webseiten zum Verlag, von denen „Lifeline" aber die mit Abstand höchsten Besucherzahlen hat (40).

„Lifeline" ist unter Hinzunahme der mit „Lifeline" kooperierenden bzw. erstellten Webseiten eines der führenden Gesundheitsportale in Deutschland. Laut AGOF hatte „Lifeline“ im vierten Quartal 2008 eine Nettoreichweite von 0,34 Millionen „unique usern“ (41). Die Webseite belegt damit den 182ten Platz unter 550 dort gelisteten Anbietern und liegt damit hinter „Netdoktor“ und „Onmeda“. Das bestätigen zudem die IVW Auswertungen. Die IVW Zahlen aus Dezember 2008 weisen 799.404 „visits“ aus (42). Das ist im Vergleich zu Dezember 2007 zwar eine Steigerung, liegt aber trotzdem deutlich unter den vorab untersuchten Portalen.

Ein Blick in die Nutzungsdaten (43) zeigt auch ein anderes Nutzerverhalten als bisher. „User generierte Inhalte“ weisen einen extrem hohen Anteil (41%) auf, während Suchmaschinen und Auskunftsdienste wie die Arzt- und Kliniksuche keine Rolle spielen. Im Vergleich werden somit die Expertenräte und Foren bei „Lifeline“ überproportional stark genutzt.

Das Portal ist klar gegliedert, aber die Struktur unterscheidet sich von den anderen Webseiten dadurch, dass der Nutzer auffällig oft auf andere spezialisierte Seiten gelenkt wird. Diese Seiten gehören zwar zu „Lifeline“ und sind ähnlich strukturiert, tragen aber völlig andere Namen, was für die Nutzer verwirrend sein kann. Zusätzlich tauchen auf der rechten Seite entsprechend Anzeigen und Informationen auf, so dass genau hingesehen werden muss, um den Unterschied zwischen Anzeige und Information zu bemerken.

Die Finanzierung der Seite erfolgt durch klassische „Online“-Werbung (Anzeigen, Banner, Verlinkungen) und durch Kooperationen mit Unternehmen oder Verbänden bei der Erstellung von *Specials*,

also durch den Verkauf der redaktionellen Inhalte. Umgekehrt werden Informationen auch von Partnern wie der „Ärzte-Zeitung" oder dem „Medizin TV" zur Verfügung gestellt.
Eine transparente Darstellung des Geschäftsmodells oder der Beziehung zu Auftraggebern ist allerdings nicht abrufbar.

Es gibt jeweils einen tagesaktuellen Tipp, sowie die Möglichkeit sich kostenlos diverse „Newsletter" mit aktuellen Informationen zu bestellen.

5.3.2. Inhalte

Content: Die Inhalte sind gegliedert in die Kategorien Nachrichten, Krankheiten, *Specials*, Lexikon, „Web TV"„„Podcasts" (Fernseh- oder Radiobeiträge, die gratis oder gegen Bezahlung über das Internet manuell oder automatisch herunter geladen werden können), Arztsuche, Expertenräte, Foren und Selbsttests.
Im Lexikon findet der Leser die meisten Krankheiten kurz beschrieben, sowie ausgewählte Begriffe verständlich und umfangreich erläutert.

Besonderen Raum nehmen die mehr als 40 *Specials* ein. Der Klick führt meistens zu einer Extraseite mit sehr ausführlichen Inhalten. Diese Seiten sind in Kooperation mit Unternehmen und Verbänden erstellt und können in der Regel auch direkt im Internet gefunden werden.

Care: Informationsmaterial zu einigen Themen kann kostenlos herunter geladen bzw. bestellt werden. Andere Broschüren sind

kostenpflichtig. Die kostenlosen Broschüren sind von Unternehmen erstellt. Es gibt Selbsttests zum Thema Gesundheit und Vitaminversorgung, sowie einen interaktiven Vorsorgeuntersuchungskalender.
Datenbanken für das Finden von Ärzten, Kliniken sind ebenfalls vorhanden.

Communit:. Hier wird unterteilt in Expertenräte und Foren. In den Expertenräten können Experten kostenlos und auf Wunsch anonym zu Themen rund um Gesundheit und Krankheit befragt oder um Antworten zum Thema „Rehabilitation" gebeten werden. Die Foren dagegen sind zum Diskutieren von Fragestellungen und Problemen innerhalb der Nutzer bestimmt und werden gut genutzt wie auch die oben genannte IVW Auswertung gezeigt hat.

Commerce: In begrenzten Umfang werden Broschüre und Bücher zum Kauf angeboten. Die meisten Unterlagen werden jedoch kostenlos abgegeben, da sie von Firmen stammen, die ein Interesse an der Verbreitung bestimmter Information haben.

5.3.3. Qualität

Die Inhalte in den so genannten *Specials* sind sehr ausführlich. Im Umfang gehen sie weit über ähnliche Inhalte in anderen vergleichbaren Portalen hinaus. Da die *Specials* in Kooperation mit interessierten Unternehmen erstellt wurden, ist allerdings oft unklar woher die Informationen stammen. So ist es nicht verwunderlich, dass „Lifeline" keine Qualitätssiegel bekommt bzw. sich nicht um diese beworben hat, denn die Hon Codes und afgis Transparenzkriterien werden nur teilweise erfüllt.

Der Anbieter ist erkennbar, Ziel und Zweck der Seite werden kurz erwähnt. Der Nutzer kann per Email die Redaktion kontaktieren und somit „Feedback" geben. Die Finanzierung wird angedeutet. Es gibt Informationen zum Datenschutz, in den *Specials* werden Quelle und Autoren genannt, und es fehlt auch nicht der Hinweis, dass die Informationen nur zur Unterstützung gedacht sind und nicht den Arztbesuch ersetzen können.

Allerdings ist die Qualifikation der Verfasser vielfach unklar bzw. nicht angegeben. Im Lexikon zu den Krankheiten fehlen Autoren, Zeitpunkt und Quelle der Information vollkommen. Die Trennung von Werbung und redaktionellen Beiträgen ist unklar. Viele der *Specials* sind offensichtlich von Firmen und Firmenvertretern erstellt und geben interessengesteuerte Quellen als Grundlage der Informationen an. Zudem verwirrt die Vielzahl der unterschiedlichen Webseiten, zu denen weiter geleitet wird. Der Nutzer ist beim Anklicken auf ein *Special* nicht mehr bei „Lifeline.de" sondern beispielsweise bei „www.spezial-akupunktur.de" (44).
Das wirkt letztlich unglaubwürdig, da auch Finanzierung, Sponsoren, Vernetzungen und Kooperationen nicht eindeutig ersichtlich sind.

Ähnlich fällt die Qualitätsbewertung anhand des DISCERN-Instrumentes aus, was wiederum am Beispiel der vorhandenen Informationen zu „Hämorrhoiden" (45) gezeigt werden soll.
Beim Eingeben des Begriffs „Hämorrhoiden" in das Suchsystem taucht eine Fülle von Hinweisen (ca.10.000) auf. Alle Hinweise

führen auf „hämorrhoiden.net“, eine von Industrieseite („Posterisan“) unterstützte und mitentwickelte Extraseite (46). Hier kann der Leser zu allen erdenklichen Aspekten von Hämorrhoiden Informationen erhalten. Die Texte sind mit Datum und Quelle versehen.

Direkt bei „Lifeline“ im Krankheitslexikon findet sich eine Zusammenfassung zur Problematik der „Hämorrhoiden“ (47). Die Informationen zum Thema sind ähnlich wie bei „Netdoktor“ und „Onmeda“ und gegliedert nach Definition, Ursachen, Symptome, Diagnose, Therapie und Prävention.

Das Prüfen der Zuverlässigkeitskriterien ergibt, dass klare Angaben zur Informationsquelle fehlen und keine Datumsangaben gemacht werden. Die Qualität der Texte ist positiv zu beurteilen. Die Wirkungsweise wird beschrieben, Nutzen und Risiken werden genannt, auf Folgen der Nichtbehandlung hingewiesen und es wird deutlich, dass mehrere Behandlungsverfahren möglich sind.

In der Gesamtbeurteilung fällt das Ergebnis aber negativ aus, da zwei wichtige Zuverlässigkeitskriterien (Informationsquelle und Datumsangabe der letzten Überarbeitung) nicht erfüllt sind.

Klarheit und Gestaltung: Die Inhalte der Seiten sind zwar logisch aufgebaut, aber unübersichtlich. Besonders unzweckmäßig ist die gelblich/grüne Unterlegung der Überschriften, da diese dadurch kaum zu entziffern sind. Auf der rechten Seite werden Anzeigen mit Inhalten vermischt, was zu Missverständnissen führen kann. Innovative Elemente wie „Flashshows“, „Podcasts“, „Web TV“ erleichtern hingegen das Aufnehmen von Informationen.

Service: Die Informationen können direkt ausgedruckt, weiter versendet und das Schriftbild vergrößert werden.

5.4. Portal „GesundheitPro"

5.4.1. Überblick

„GesundheitPro" ist die Online-Plattform des „Wort & Bild Verlags" und somit eines der wichtigen deutschsprachigen Gesundheitsportale. Der Verlag startete das Portal im Jahr 2001. Das selbst gewählte Ziel ist eine kompetente, zuverlässige, unabhängige und kostenfreie Beratung.

Das Portal ist zwar teilweise unübersichtlich gestaltet, bietet jedoch ein breites Spektrum an Informationen. Besondere Schwerpunkte bilden Inhalte für Diabetiker, Senioren, Kleinkinder und Familie. Der „Wort & Bild Verlag" ist als Dienstleister vor allem den Apothekern und Ärzten verpflichtet. Dem Verlag gehört unter anderem die „Apotheken Umschau", eine in Laienkreisen viel gelesene und in Apotheken kostenlos erhältliche Zeitschrift.

Laut AGOF hatte „GesundheitPro" allein im vierten Quartal 2008 eine Nettoreichweite von 0,45 Millionen „unique usern" (48). Die Webseite belegt somit den 152ten Platz unter 550 dort gelisteten Anbietern und liegt somit vor „Lifeline", aber noch hinter „Netdoktor" und „Onmeda". Die IVW Zahlen aus Dezember 2008 (49) weisen eine Zahl von 928.091 „visits" aus.

Ein Blick in die Nutzungsdaten zeigt (50), dass die Nutzer überwiegend die redaktionellen Inhalte anklicken (ca. 64%), aber daneben auch „User generierte Inhalte" (Foren) mit einem Anteil von 15%, Suchmaschinen und Auskunftsdienste wie die Arzt und Kliniksuche mit 9%, Kommunikation (Chats) mit 3% und Spiele mit 7% eine Rolle spielen.

Da „GesundheitPro“ zudem als “Onlineversion“ der Apothekerzeitschrift fungiert, wird sie durch diese mitfinanziert. Darüber hinaus sollen Bannerwerbung, Werbung in so genannten Textanzeigen sowie Anzeigen in „Newslettern“ Werbeeinnahmen generieren. Des Weiteren finden sich Empfehlungen zu bestimmten Wirkstoffen und Heilpflanzen und somit eine indirekte Aufforderung zum Apothekenbesuch. Außerdem ist ein Apothekenfinder installiert, der die in der Nähe liegenden Apotheken aufzeigt.

5.4.1. Inhalte

Content: Es finden sich ausführliche Informationen zu zahlreichen Krankheiten, aber auch zu den Gesundheitsthemen Fitness, Ernährung und „Wellness“. Diagnose und Therapieformen werden erklärt. Es gibt ein Brockhaus Gesundheits- und Ernährungslexikon, ein Heilpflanzenlexikon und einen ICD10-Diagnosefinder. Laborwerte werden erklärt. In einem ausführlichen Reiseteil sind Empfehlungen und Tipps für Reisen in ausgewählte Länder zu finden. Gesondert werden in diesem Portal Informationen zu den Bereichen Senioren, Baby und Familie und Diabetes ausgewiesen. Nützlich sind auch verschiedene Videobeiträge.

Care: Es gibt ein Gesundheitsquiz, um mehr über das eigene Gesundheitsproblem oder das eines Angehörigen zu erfahren. Ziel soll dabei sein, informiert zum Arztgespräch zu gehen und die eigene Therapie aktiv zu unterstützen. Dazu gibt es eine Vielzahl von Selbsttests zum Thema Gesundheit und Sport. Interessant ist der Arzneimittel-Check, der nicht nur über 100.000 Fertigarzneimittel, sondern auch über Wechselwirkungen, Nebenwirkungen und Gegenanzeigen informiert. Einzigartig dürfte darüber hinaus ein kostenloser Online-Abnehm-Coach sein, mit dem man auf gesunde und wissenschaftlich fundierte Weise sein Wunschgewicht erreichen soll. Das geschieht in Kooperation mit der „Barmer" und hat bereits ca. 60.000 Teilnehmer gefunden.

Es sind Datenbanken für das Finden von Ärzten und Kliniken vorhanden. Zusätzlich können andere Dienstleister wie Heilpraktiker, Hebammen, Logopäden, Pflegedienste, sowie Wohneinrichtungen für Senioren gesucht werden.

Community. Nach Anmeldung kann der „user" an zwölf Diskussionsforen in sechs Kategorien teilnehmen. Darunter ist ein Expertenforum zum Thema Nahrungsunverträglichkeiten, sowie Foren zum Bereich Baby und Familie, Senioren und Diabetes.

Commerce: Es gibt keine Möglichkeit zum Kauf von Büchern, Seminaren, Medikamenten, Gesundheitsreisen etc.

5.4.3. Qualität

Das Portal „GesundheitPro" hat beide Gütesiegel beantragt und erhalten. Es erfüllt somit die acht Prinzipien des HON Codes und die Transparenzkriterien des „Aktionsforum Gesundheitsinformationssystem". Das „HON" Siegel wurde 2008 erneuert, das afgis-Logo stammt ebenfalls aus dem Jahr 2008.

Am Beispiel der afgis Kriterien soll dies noch einmal belegt werden (51):
Es werden genannt: a) der Anbieter (Wort und Bild Verlag) b) Ziel, Zweck und Zielgruppe (allgemeine Öffentlichkeit/Versicherte und Patienten) c) Namen und Berufsangaben der Autoren und Informationsquellen und d) Datum der Erstellung und Datum der letzten Aktualisierung. Der Nutzer kann sich per Email zwecks Kontaktaufnahme an die Redaktion wenden, Verfahren der internen Qualitätssicherung werden erwähnt, Werbung ist als solche von redaktionellen Beiträgen getrennt, die Finanzierung erfolgt durch den Verlag, Kooperationspartner werden genannt (u.a. Stiftung Gesundheit, Deutsche Diabetes Stiftung) und es gibt eine Erklärung zum Datenschutz.

Bei weiterer Überprüfung der Informationen am Beispiel der Hämorrhoiden (52) mit Hilfe des DISCERN-Instrumentes kann belegt werden, dass die im Portal gegebenen Informationen den meisten Zuverlässigkeitskriterien genügen. Es ist klar ersichtlich, dass die Informationen für Laien geschrieben sind, die Angaben zur Informationsquelle werden gegeben (allerdings recht klein und schwer lesbar), Namen der Autoren und Experten sind genannt, es werden Zeitangaben der Quelle und der letzten Aktualisierung genannt und die Information scheint ausgewogen.
Die Qualitätskriterien des Textes werden erfüllt. Die Wirkweise wird beschrieben, Nutzen und Risiken erwähnt, es werden nicht nur die medikamentösen Therapien genannt, sondern auch Verödung und operative Therapien erwähnt und explizit auf die eigenen Möglichkeiten zur Vorsorge hingewiesen.

Klarheit und Gestaltung: Die Inhalte sind klar gegliedert. Jedes Thema beginnt mit einer Zusammenfassung. Anschließend folgen detaillierte Inhalte zu Ursachen, Beschwerden, Diagnose und Behandlung. Die Sätze sind verständlich geschrieben.

Service: Alle Informationen können zusammenhängend ausgedruckt und an Freunde versendet werden. Die Schriftgröße kann allerdings nicht angepasst werden. Zusätzlich hat man auf jeder Seite die Möglichkeit direkt eine Bewertung der Informationen abzugeben und sich einen entsprechenden Arzt zu suchen.

5.5. Portal „Focus Gesundheit“

5.5.1. Überblick

„Focus Gesundheit“ ist im Gegensatz zu den vorher untersuchten Webseiten kein klassisches Gesundheitsportal. Das Portal ist die „Online-Version“ des deutschen Nachrichtenmagazins „Focus“ mit dem Schwerpunkt Gesundheit. Das Magazin erschien erstmals 1993 und gehört dem „Hubert Burda Verlag“ in München. Es wurde gegründet als konservatives Konkurrenzblatt zum „Spiegel“. Obwohl „Spiegel Online“ inzwischen das Informationsportal mit der größten Reichweite ist (53), hat sich „Focus Online“ zum führenden Onlineportal für das Thema Gesundheit entwickelt.

Ähnlich wie die bereits vorgestellten Portale wird eine Vielzahl von Informationen zum Thema Gesundheit angeboten. Zusätzlich gibt es interessante Inhalte wie die Möglichkeit sich kostenlos einem „Gesundheitsmanager“ anzuvertrauen, sich per Video Tipps für die „Erste Hilfe“ zu holen und einen SMS-Service zur Erinnerung an eine Medikamenteneinnahme in Anspruch zu nehmen.

Es werden aktuelle journalistische Beiträge, über die diskutiert werden kann, ins Portal gesetzt. Der „Newsticker“ ist aktuell und umfassend.

Die Seite wirkt allerdings überladen. Der Nutzer findet sehr viele Informationen auf einer Seite und muss entsprechend lange „scrollen“, um sich zu orientieren. Außerdem wird über zu viele Bilder versucht, die Aufmerksamkeit des Lesers zu erregen.

Laut AGOF hatte „Focus Online" allein im vierten Quartal 2008 eine Nettoreichweite von 3,44 Millionen „unique usern" (54). Die Webseite belegt somit den 28ten Platz unter den 550 dort gelisteten Anbietern. Die Reichweite ist somit höher als das der klassischen Gesundheitsportale. Aber im Vergleich zu anderen Nachrichtenmagazinen liegt „Focus Online" zwar fast gleichauf mit „Welt.de", aber weit hinter „Spiegel Online" (5,14 Mio) und „Bild.de" (4,52 Mio). Die IVW Zahlen aus Januar 2009 (55) weisen eine Zahl von 23.908.693 „visits" aus. Das ist im Vergleich zu Januar 2007 eine deutliche Steigerung.

Ein Blick in die Nutzungsdaten (56) zeigt, dass die Nutzer sehr auf den redaktionellen Teil fokussiert sind (ca. 91%). Für „User generierte Inhalte", Suchmaschinen und Auskunftsdienste, Kommunikation, „E-Commerce" und Spiele bleiben nur ca. 9%. Allerdings sind diese Daten im Vergleich zu den reinen Gesundheitsportalen wenig aussagekräftig, da sie den gesamten „Focus Online" Auftritt betreffen und somit auch alle Nutzer zählen, die nur zum Lesen von Nachrichten das „Focus Online" Portal angeklickt haben.

Vermarktet wird das Portal von der „Tomorrow Focus AG" (57), die darüber hinaus fast fünfzig andere Webseiten betreut (u.a. „FAZ.net", „TV Spielfilm.de"). Die Werbeformen sind auf der Seite auftauchende Banner unterschiedlichster Art sowie das Schalten von Anzeigen und das Sponsoring von redaktionell unabhängigen Themenbereichen (z.B. Alternative Medizin, Allergie, Erkältung, Diabetes etc.).

5.5.2. Inhalte

Content: Es finden sich Informationen zu den Themen Ratgeber, Krankheiten (von Asthma bis Zähne), Gesund leben (Vorsorge, Nicht Rauchen, Yoga im Büro, Trainingsvideos etc.), Ernährung, Schwangerschaft und Baby sowie Erste Hilfe. Ein „Newsticker" hält aktuell über Gesundheitsthemen auf dem Laufenden. Einige Inhalte werden auch in Form von Videos vermittelt. Es gibt zudem viele Bilder mit reißerischen Überschriften. Der Aufbau ist unübersichtlich, da zu viele Informationen auf einer Seite untergebracht sind. Allerdings werden viele Themen gut aufgearbeitet und regen zu Diskussionen an.

Care: Focus kooperiert mit dem Arztbewertungsportal „Jameda" (58), das ebenfalls von „Tomorrow Focus AG" vermarktet wird. Darüber hinaus ist ein Krankenkassencheck zur Bewertung der günstigsten Krankenkasse eingebunden. Zusätzlich gibt es eine Vielzahl von Tests zur Bestimmung des persönlichen Krankheitsrisikos, zum Testen von Wissen und um mehr über den menschlichen Körper erfahren. Arzneimittel können über die „Ifap"-Arzneimitteldatenbanken[4] gefunden werden. In Kooperation mit „medipreis.de" (59) wird ein Medikamentenpreisvergleich angeboten. Apotheken und Notdienstapotheken können mit Hilfe von „apotheken.de" (60) gefunden werden und eine SMS-Erinnerung zur Medikamenteneinnahme in Zusammenarbeit mit „pillenzeit.de" (61) beantragt werden. Außerdem lassen sich Informationen über Wettervorhersage, Biowetter, Feinstaubbelastung, UV Strahlung, Ozonwerte und

[4] Die „ifap" Service-Institut für Ärzte und Apotheker GmbH ist einer der führenden Anbieter von Arzneimittel- und Therapiedatenbanken in Deutschland

Pollenflugvorhersage abrufen.

Community: Nach Anmeldung kann der User kostenlos an sogenannten „Coaching“ - Programmen teilnehmen. Hier werden über das Versenden von Emails Lernhinweise zu bestimmten Themengebieten gegeben (Rückenschule, Antistress etc.)

Commerce: Direkt werden von „Focus Gesundheit“ keine Produkte angeboten. Zum Kauf von Medikamenten wird aber auf andere Anbieter verwiesen.

5.5.3. Qualität

Auf der Focus Seite finden sich keine Gütesiegel. Werden Sie anhand der HON-Kriterien überprüft, lässt sich aber feststellen, dass einige Punkte erfüllt sind. Zu den Themen werden Verfasser und Qualifikation genannt, auf den Datenschutz wird hingewiesen, die Redaktion kann kontaktiert werden, und Anzeigen werden als solche gekennzeichnet. Andere Kriterien hingegen sind nicht erfüllt. So fehlt der Hinweis, dass die Informationen den Patienten bei der Entscheidungsfindung nur unterstützen sollen, aber nicht den Arztbesuch ersetzen können. Die Quellen der Artikel und auch die finanziellen Interessen sind ebenfalls nicht angegeben.

Ähnliches gilt für die afgis Transparenzkriterien, von denen auch nur einige erfüllt sind. Der Anbieter der Webseite ist eindeutig und ersichtlich, Ziel/Zweck und Zielgruppe (Leser, Verbraucher) sind bekannt, die Autoren und ärztliche Unterstützer sind genannt, der Nutzer kann eine Rückmeldung abgeben, die Trennung von

Werbung und redaktionellen Beiträgen ist gegeben und die Datenschutzbestimmungen sind nachzulesen. Allerdings fehlen Datenquellen, es wird nichts zur Aktualität der Daten gesagt, auf Verfahren zur Qualitätssicherung wird nicht verwiesen, Finanzierung und Sponsoreninteresse sind recht diffus, und es fehlen klärende Hinweise zu den zahlreichen Vernetzungen und Kooperationen.

Die Anwendung des DISCERN-Instrumentes auf das Thema „Hämorrhoiden“ (62) bestätigt diese Aussagen. Bei Überprüfung der Zuverlässigkeitskriterien fällt auf, dass die Angaben zur Informationsquelle fehlen und dass der Text sehr reißerisch aufgemacht ist. Die Qualitätskriterien hingegen - sieht man von der ungewöhnlichen Ausdrucksweise ab - werden erfüllt. Wirkungsweise, Nutzen und Risiken sind beschrieben, es werden mehrere Behandlungsverfahren beschrieben, und es wird darauf verwiesen bei Problemen einen Arzt aufzusuchen.

Als Gesamtbewertung ist aber festzuhalten, dass wichtige DISCERN Merkmale nicht erfüllt werden. Der Text will Spannung erzeugen und Leser durch Wortwahl und Bilder packen. Das wirkt wenig ausgewogen, ist aber durchaus unterhaltsam und lesenswert. „Focus Gesundheit“ versucht durch außergewöhnliche Inhalte und Sprache den Leser zu anzuregen und durch den ausgeprägten journalistischen Stil langfristig zu binden. Ausgewogenheit und Gütesiegel haben hierbei keine Priorität.

Klarheit und Gestaltung: Der Text ist nicht eindeutig strukturiert, aber durch die Begrenzung auf acht Seiten leicht lesbar. Die Bilder tragen nicht zur Klärung der Inhalte bei, sondern dienen eher als „Hingucker". Positiv ist festzustellen, dass durch Anklicken des Namens der Autoren ein Photo erscheint und ein kurzer Werdegang nachgelesen werden kann.

Service: Die Texte können gedruckt, versendet und bewertet werden.

5.6. Portal „Gesundheitsinformation"

5.6.1. Überblick

Dieses Gesundheitsportal stellt nach eigenen Angaben auf Evidenz basierende Informationen über Krankheiten und Gesundheitsthemen von der Darmkrebs-Vorsorge bis zur Babynahrung zur Verfügung und wird vom „IQWiG" (63), dem Institut für Qualität und Wirtschaftlichkeit im Gesundheitswesen erstellt. Das Institut wurde nach dem Willen des Gesetzgebers im Zuge der deutschen Gesundheitsreform im Jahr 2003 gegründet und ist eine fachlich unabhängige wissenschaftliche Einrichtung der privaten und gemeinnützigen Stiftung für Qualität und Wirtschaftlichkeit im Gesundheitswesen.

Die Aufgabe des „IQWiG" ist eine Bewertung des medizinischen Nutzens, der Qualität und der Wirtschaftlichkeit medizinischer Leistungen und die Veröffentlichung der Bewertungsergebnisse. Das Institut erhält seine Aufträge vom „Gemeinsamen Bundesausschuss", einem Gremium der Selbstverwaltung von Ärztinnen und Ärzten, Krankenkassen und Krankenhäusern und vom Bundesgesundheitsministerium zu verschiedenen Themenbereichen, unter anderen zum Nutzen diagnostischer und therapeutischer Maßnahmen, zu strukturierten Behandlungsprogrammen sowie zur Bewertung von klinischen Leitlinien.

Darüber hinaus versteht sich das Institut als wissenschaftliche Informationsquelle für die Öffentlichkeit sowie für Ärztinnen und Ärzte, Leistungserbringer im Gesundheitswesen, Konsumenten und andere Interessierte. Es soll als unabhängiger Herausgeber von evidenzbasierten medizinischen Informationen für Bürgerinnen, Bürger, Patientinnen und Patienten fungieren.

Die Erstellung der Website "www.gesundheitsinformation.de" wurde im Juli 2005 genehmigt. Die Freischaltung erfolgte am 14. Februar 2006, im Mai des gleichen Jahres folgte der „Launch“ einer englischen Version. (Wiederholung) Die redaktionelle Verantwortung liegt beim „IQWiG“.

Der Aufbau ist klar gestaltet. Allerdings ist die Farbwahl nicht gut, da grün auf grün schwer lesbar ist.

Finanziert wird das Institut durch Zuschläge für stationäre und ambulante medizinische Leistungen, die überwiegend von der Gesetzlichen Krankenversicherung (GKV) erstattet werden. Darüber hinaus darf es Zuwendungen des Bundesgesundheitsministeriums annehmen. Es trifft keine Sponsoring- oder Werbevereinbarungen und wirbt nicht um weitere Zuwendungen. Das heißt aber auch, dass wenig Geld für Marketing, Positionierung und Suchmaschinenoptimierung eingesetzt wird und somit die Zahl der Nutzer vergleichsweise gering sein dürfte. Zahlen von IVW oder AGOF zur Überprüfung gibt es nicht. „Gesundheitsinformation“ ist dort nicht gelistet, da es diese Reichweitendaten zur Gewinnung von Werbekunden auf Grund seiner besonderen Zielstellung nicht braucht.

5.6.2. Inhalte

Content: Die Inhalte sind sortiert nach Themengebieten von Atemwegen bis zu Zähnen. Zusätzlich werden einige aktuelle Themen behandelt. Damit ist die Webseite im Vergleich zu den anderen Portalen sehr überschaubar.

Care:: Hier sind einige interaktive Quiz-Angebote zur Wissensüberprüfung, Rechner und Umfragen eingestellt.

Community: Diskussionsforen oder Chaträume fehlen bisher völlig.

Commerce: Verkäufe werden erwartungsgemäß nicht angeboten.

5.6.3. Qualität

Das Portal ist mit dem HON Code zertifiziert, wobei die auf der Seite genannten medizinischen oder gesundheitsbezogenen Ratschläge ausschließlich von medizinisch ausgebildeten und qualifizierten Fachleuten stammen. Die auf der Seite angebotene Information unterstützt die Beziehung zwischen dem Patienten/Webseitenbesucher und seinem Arzt und soll sie keinesfalls ersetzen. Die Webseite respektiert ausdrücklich die Vertraulichkeit der Daten. Die auf der Seite enthaltenen Informationen sind durch klare Referenzen bezüglich der Datenquelle gestützt. Die Seite belegt ihre Behauptungen bezüglich Nutzen und Effizienz. Sie ist klar dargestellt und ein genauer E-Mail-Kontakt ist angegeben. Die Finanzierung ist offen dargelegt, eine Abgrenzung von Werbung und redaktionellen Inhalten ist nicht notwendig, da keine Werbung erfolgt.

Das afgis Gütesiegel ist nicht beantragt, obwohl auch deren Transparenzkriterien erfüllt werden. Einziger Kritikpunkt ist, dass der Autor der Informationen nicht genannt wird, aber es wird klar gesagt, dass das gesamte Team in Absprache mit Experten die Texte erstellt.

Auch hier soll eine beispielhafte Information der Überprüfung mit dem DISCERN- Instrument unterzogen werden. Dies kann in diesem Fall nicht am Beispiel der Hämorrhoiden geschehen, da hierzu keine ausführliche Information gegeben wird. An Stelle dessen wird das „Merkblatt zur Erkältung" (64) überprüft.
Die Zuverlässigkeits- und Qualitätskriterien sind erfüllt. So werden besonders ausführliche Quellenangaben gemacht, die ausschließlich auf evidenzbasierten Studien beruhen. Das Erstellungs- und Aktualisierungsdatum erscheinen sogar mit Minutenangaben. Es werden Empfehlungen und „links" zu weiterführenden Themen genannt. Entsprechend dem Auftrag des Instituts werden auch populäre Maßnahmen zur Bekämpfung einer Erkältung, die nicht evidenzbasiert sind, beschrieben und bewertet.

Zusammenfassend betrachtet sind die Informationen sehr wissenschaftlich aufgearbeitet und ausführlich erläutert, aber auch verständlich. Die Texte sind kritisch und es wird auf populäre Irrtümer hingewiesen. Auch werden Tipps zur Vermeidung einer Erkrankung gegeben.

Klarheit und Gestaltung: Die Inhalte werden abgegrenzt und durch Bilder veranschaulicht. Das Merkblatt ist sehr umfangreich und die Aufteilung auf mehrere Seiten übersichtlich.

Service: Die Merkblätter können ausgedruckt, versendet, kommentiert und bewertet werden.

6. Vergleichende Bewertung ausgewählter Gesundheitsportale

Um die unterschiedlichen Bewertungen aller dargestellten Portale zusammenzufassen und transparent darzustellen, wird nachfolgend eine Auflistung der wichtigsten Inhalte und Qualitätskriterien aller untersuchten Portale vorgenommen. Zuerst genannt werden die Inhalte eingeteilt nach *Content, Care, Community* und *Commerce.*

Darunter finden sich beispielsweise die wichtigsten auf den Portalen integrierten Datenbanken, interaktive Checks sowie viele andere Inhalte. Des Weiteren werden die Kriterien zur Bewertung der Qualität in einer Tabelle zusammengefasst. In den daneben stehenden Spalten sind die einzelnen Portale aufgelistet mit dem jeweiligen Hinweis, ob der betreffende Inhalt oder das betreffende Qualitätskriterium vorhanden bzw. umgesetzt worden ist oder nicht.

Allgemeine Inhalte zur Bewertung der Gesundheitsportale	**„Netdoktor“**	**„Onmeda“**	**„Lifeline“**
Content			
Informationen und Datenbanken über			
- Adressen von Ärzten	Ja	Ja	Ja
- Adressen von Zahnärzten	Ja	Ja	Nein
- Diagnosen	Ja	Ja	Nein
- Therapien	Ja	Ja	Nein
- Untersuchungen	Ja	Ja	Nein
- Webapotheken	Ja	Ja	Nein
- Medikamente	Ja	Ja	Nein
- Adressen von Kliniken	Ja	Ja	Ja
- Alternative Heilverfahren	Nein	Ja	Nein
- Heilpflanzen	Ja	Ja	Nein
- Krankheiten	Ja	Ja	Ja
- Symptome	Ja	Ja	Nein
- Selbsthilfegruppen	Ja	Nein	Nein
- Adressen von Fitnessstudios	Nein	Nein	Nein
- Laborwerte	Ja	Ja	Nein
- Krankenversicherungen	Nein	Nein	Nein
- Pharmaunternehmen	Nein	Nein	Nein
- Krankenkassen	Nein	Nein	Ja
- Giftnotrufzentralen	Ja	Ja	Nein
- Impfkalender	Ja	Nein	Nein
- Reisemedizin	Ja	Nein	Nein
- „Podcasts“	Nein	Nein	Ja
- „Web TV“	Nein	Nein	Ja

Allgemeine Inhalte zur Bewertung der Gesundheitsportale	**„Netdoktor“**	**„Onmeda“**	**„Lifeline“**
Care			
Gibt es interaktive Gesundheitschecks?	Ja	Ja	Ja
Gibt es interaktive Fitnessprogramme?	Nein	Ja	Nein
Gibt es interaktive Vorsorgekalender?	Ja	Nein	Ja
Gibt es interaktive Ernährungsprogramme?	Nein	Ja	Nein
Gibt es interaktiven Medikamentencheck?	Nein	Ja	Nein
Community			
Foren und Chats?	Ja	Ja	Ja
Expertenrat?	Nein	Ja	Ja
Commerce			
Kauf von Büchern und Filmen	Nein	Ja	Ja
Kostenpflichtige Diätberatung	Nein	Ja	Nein
Genauigkeit der Angaben			
Angabe der wissenschaftlichen Quelle?	Ja	Ja	Nein
Ist Datum der Erstellung der Information klar ersichtlich?	Ja	Ja	Nein
Teilnahme an Qualitätsinitiative HON?	Ja	Ja	Nein

Allgemeine Inhalte zur Bewertung der Gesundheitsportale	**„Netdoktor"**	**„Onmeda"**	**„Lifeline"**
Genauigkeit der Angaben -Forts.-			
Teilnahme an Qualitätsinitiative „afgis"?	Nein	Ja	Nein
Gibt es „Links" zu anderen guten Webseiten mit weiteren Angeboten?	Nein	Ja	Ja
Wird Wirkungsweise und Nutzen verständlich beschrieben?	Ja	Ja	Ja
Werden Risiken angegeben?	Ja	Ja	Ja
Werden mögliche Alternativen einer Therapie genannt?	Ja	Ja	Ja
Redaktionelle Unabhängigkeit			
Gibt es klare Angaben über Betreiber der Webseite?	Ja	Ja	Nein
Ist die Finanzierung des Webauftritts offen gelegt?	Ja	Ja	Nein
Sind Werbeanzeigen klar von Inhalten abgegrenzt?	Ja	Ja	Nein
Gibt es einen Vermerk, dass die finanzierende Stelle keinen Einfluss auf Inhalte hatte?	Ja	Ja	Nein

Allgemeine Inhalte zur Bewertung der Gesundheitsportale	**„Netdoktor“**	**„Onmeda“**	**„Life-line“**
Redaktionelle Unabhängigkeit -Forts.-			
Wird der Leser nicht in eine Entscheidungsrichtung gedrängt?	Ja	Ja	Nein
Sind Autoren angegeben?	Ja	Nein	Nein
Sind fachliche Qualifikationen der Autoren angegeben?	Nein	Nein	Nein
Klarheit und Gestaltung			
Gute Farbwahl?	Ja	Ja	Nein
Gibt es hervorgehobene Zusammenfassungen?	Ja	Ja	Ja
Werden Fachbegriffe gemieden oder erklärt?	Ja	Ja	Ja
Einfacher Satzbau (ca. 8-10 Wörter)?	Ja	Ja	Ja
Enthält die Information zusätzliche Abbildungen und Tabellen?	Ja	Ja	Ja
Service			
Gibt es Angaben zum Schutz der persönlichen Daten?	Ja	Ja	Nein
Können die Informationen zusammenhängend ausgedruckt werden?	Ja	Ja	Ja

Allgemeine Inhalte zur Bewertung der Gesundheitsportale	**„Netdoktor"**	**„Onmeda"**	**„Lifeline"**
Service –Forts.-			
Kann der Autor direkt kontaktiert werden?	Nein	Nein	Nein
Kann der Webmaster direkt kontaktiert werden?	Ja	Ja	Nein

Allgemeine Inhalte zur Bewertung der Gesundheitsportale	**„Gesundheit Pro"**	**„Focus/ Gesundheit"**	**„Gesundheitsinformation"**
Content			
Informationen und Datenbanken über			
- Adressen von Ärzten	Ja	Ja	Ja
- Adressen von Zahnärzten	Ja	Ja	Nein
- Diagnosen	Ja	Ja	Nein
- Therapien	Ja	Ja	Nein
- Untersuchungen	Ja	Nein	Nein
- Webapotheken	Nein	Ja	Nein
- Medikamentencheck	Ja	Ja	Nein
- Medikamentenfinder	Ja	Ja	Nein
- Adressen von Kliniken	Ja	Ja	Nein
- Alternative Heilverfahren	Ja	Ja	Nein
- Heilpflanzenlexikon	Ja	Ja	Nein
- Krankheiten	Ja	Ja	Ja
- Symptome	Ja	Ja	Nein
- Selbsthilfegruppen	Nein	Nein	Nein
- Adressen von Fitnessstudios	Nein	Ja	Nein
- Laborwerte	Ja	Nein	Nein
- Krankenversicherungen	Nein	Nein	Nein
- Apothekenfinder	Ja	Ja	Nein
- Krankenkassen	Ja	Nein	Nein
- Giftnotrufzentralen	Ja	Nein	Nein
- Impfkalender	Nein	Nein	Nein
- Reisemedizin	Ja	Ja	Nein
- „Podcasts"	Nein	Nein	Nein
- „Web TV"	Ja	Ja	Ja

Allgemeine Inhalte zur Bewertung der Gesundheitsportale	**„GesundheitPro“**	**„Focus/ Gesundheit“**	**„Gesundheitsinformation“**
Care			
Gibt es interaktive Gesundheitschecks?	Ja	Ja	Ja
Gibt es interaktive Fitness-programme?	Nein	Ja	Nein
Gibt es interaktive Vorsorgekalender?	Nein	Nein	Nein
Gibt es interaktive Ernährungsprogramme?	Ja	Ja	Nein
Gibt es interaktiven Medikamentencheck?	Ja	Ja	Nein
Community			
Foren und Chats?	Ja	Ja	Nein
Expertenrat?	Ja	Ja	Nein
Commerce			
Kauf von Büchern und Filmen	Nein	Nein	Nein
Kostenpflichtige Diätberatung	Nein	Nein	Nein
Genauigkeit der Angaben			
Angabe der wissenschaftlichen Quelle?	Ja	Ja	Ja
Ist Datum der Erstellung der Information klar ersichtlich?	Ja	Ja	Ja
Teilnahme an Qualitätsinitiative HON?	Ja	Nein	Ja

Allgemeine Inhalte zur Bewertung der Gesundheitsportale	**„Gesundheit Pro“**	**„Focus/ Gesundheit“**	**„Gesundheitsinformation“**
Teilnahme an Qualitätsinitiative afgis?	Ja	Nein	Nein
Gibt es „Links“ zu anderen guten Webseiten mit weiteren Angeboten?	Nein	Nein	Ja
Wird Wirkungsweise und Nutzen verständlich beschrieben?	Ja	Ja	Ja
Werden Risiken angegeben?	Ja	Ja	Ja
Werden mögliche Alternativen einer Therapie genannt?	Ja	Ja	Ja
Redaktionelle Unabhängigkeit			
Klare Angaben über Betreiber der Webseite?	Ja	Ja	Ja
Ist Finanzierung des Webauftritts offen gelegt?	Ja	Nein	Ja
Sind Werbeanzeigen klar von Inhalten abgegrenzt?	Ja	Ja	Keine Werbung
Gibt es einen Vermerk, dass die finanzierende Stelle keinen Einfluss auf Inhalte hatte?	Ja	Nein	Ja
Wird der Leser nicht in eine Entscheidungsrichtung gedrängt?	Ja	Ja	Ja

Allgemeine Inhalte zur Bewertung der Gesundheitsportale	**„Gesund-heitPro“**	**„Focus/ Gesund-heit“**	**„Gesund-heitsinfor-mation“**
Redaktionelle Unabhängigkeit - Fortsetzung-			
Sind die Autoren angegeben?	Nein	Ja	Nein
Sind fachliche Qualifikationen der Autoren angegeben?	Ja	Ja	Nein
Klarheit und Gestaltung			
Gute Farbwahl?	Ja	Ja	Nein
Gibt es hervorgehobene Zusammenfassungen?	Ja	Ja	Ja
Werden Fachbegriffe gemieden oder erklärt?	Ja	Ja	Ja
Einfacher Satzbau (ca. 8-10 Wörter)?	Nein	Ja	Nein
Enthält die Information zusätzliche Abbildungen und Tabellen?	Ja	Ja	Ja
Service			
Gibt es Angaben zum Schutz der persönlichen Daten?	Ja	Ja	Ja
Können die Informationen zusammenhängend ausgedruckt werden?	Ja	Ja	Ja

Allgemeine Inhalte zur Bewertung der Gesundheitsportale	**„GesundheitPro“**	**„Focus/ Gesundheit“**	**„Gesundheitsinformation“**
Service –Forts.-			
Kann der Autor direkt kontaktiert werden?	Nein	Nein	Nein
Kann der Webmaster direkt kontaktiert werden?	Ja	Ja	Ja

Der Vergleich der Gesundheitsportale zeigt, dass alle erwartungsgemäß eine Vielzahl von nützlichen Informationen zum Thema Gesundheit anbieten, die sich aber im Detail unterscheiden.

„GesundheitPro“, „Netdoktor“ und „Onmeda“ zeigen dabei den höchsten Grad an Übereinstimmung. Die Inhalte und Themen sind ähnlich, sie lassen sich von Qualitätsinitiativen überprüfen und belegen somit eine gewisse Seriosität. Unterschiede finden sich lediglich in der Bedeutung der Foren. Bei „Netdoktor“ und „GesundheitPro“ gibt es keine bzw. wenig Fachbetreuung der Foren, und auch die Foren selbst spielen keine große Rolle.
Bei „Onmeda“ dagegen werden die zahlreichen von Experten betreuten Foren von Personen, die Fragen mit Experten und Gleichgesinnten erläutern wollen, rege genutzt. Es ist es anregend, durch das Portal von „Onmeda“ zu blättern. Der „user“ kann dabei leicht hängen bleiben, um sich beispielsweise einem der vielen Selbsttests zu unterziehen oder sich über berühmte Persönlichkeiten der Medizingeschichte zu informieren. Negativ zu bewerten ist, dass zu den Krankheitsinformationen keine spezifische Angabe zu Quellen, Autoren und Datum gemacht werden.
„Lifeline“ fällt, obwohl sehr umfangreich und innovativ im Umgang

mit neuen Medien, im Vergleich zu den drei erstgenannten Portalen deutlich ab. Diesem Portal liegt ein anderes Konzept zugrunde, das versucht, den Nutzer vom eigentlichen Portal weg auf sehr spezialisierte in Kooperation mit Firmen erstellte Themenportale zu lenken. Das führt zu einem Mangel an Transparenz und es ist nicht immer klar, ob und welche Partikularinteressen verfolgt werden. Folgerichtig gibt es auch keine Gütesiegel.

Die Seite von „Focus Gesundheit" hat sich ebenfalls keinen Gütekriterien unterworfen, zielt aber auch mehr auf journalistisch gut gemachte Unterhaltung der Leser. Die Kombination von hochwertigen und aktuellen journalistischen Beiträgen mit zahlreichen Serviceangeboten macht die Seite durchaus interessant.

Sehr bescheiden wirkt dagegen noch das relativ junge das Portal vom „IQWiG". Die Betreiber stellen sich der gesetzlichen Aufgabe und versuchen Patienten seriös und evidenzbasiert über bestimmte Krankheitsbilder zu informieren. Es wirkt dadurch informativ, ohne mit Informationen überladen zu sein.

7. Nutzerorientierte Bewertung

Um die Qualität der Webseiten speziell aus Sicht der Nutzer zu bewerten, soll in diesem Kapitel zweierlei geprüft werden: a) die Ermittlung der Zahl der notwendigen Klicks für eine gezielte Themenrecherche und somit wie schnell und einfach der Nutzer die für ihn relevanten Informationen erhält und b) ob die vorab festgelegten Pflichtangaben enthalten sind und somit eine definierte Qualität erreicht wird.

Beispielhaft soll dies anhand einer Person untersucht werden, die plötzlich von starken Kopfschmerzen geplagt wird und sich nun durch Recherche im Internet Klarheit verschaffen möchte, ob es sich um Migräne handelt.

7.1. Informationen, die aus Nutzersicht zum Thema Migräne erwartet werden

Um die Qualität der Information prüfen zu können werden folgende Angaben festgelegt, die unter Migräne auf den entsprechenden Webseiten zu finden sein müssen und den Therapieleitlinien der „Deutschen Kopfschmerz und Migräne Gesellschaft" (65) entnommen wurden:

a) eine Definition der Migräne
b) eine Listung der auslösenden „trigger" (Alkohol, Nikotin, Stress, Schlafmangel etc.)
c) Empfehlung eines Tagebuchs, um „trigger" zu bestimmen
d) Beschreibung der unterschiedlichen Phasen (Vor-, Aura- Kopfschmerz- und Rückbildungsphase)
e) Medikamentöse Therapie: bei leichter und mittelschwerer Migräne Schmerzmittel (ASS, Ibuprofen, Paracetamol, Kombipräparat ASS+ Paracetamol+Coffein, Diclofenac), sowie Mittel gegen Übelkeit (Domperidon, Metoclopramid; bei schwerer Migräne Triptane, als zweite Wahl Ergotamine)
f) Nichtmedikamentöse Therapie (z.B. Ruhe, Yoga, autogenes Training etc.)
g) Verweis auf Nebenwirkungen von Schmerzmitteln (die Einnahme darf nicht häufiger als zehnmal im Monat und an nicht mehr als drei aufeinander folgenden Tagen im Monat erfolgen, sonst besteht die Gefahr, dass sich ein medikamenteninduzierter Kopfschmerz entwickelt)
h) Verweis auf Nebenwirkungen von Triptanen (Triptane dürfen nicht eingenommen werden bei bestehender koronarer Herz-

erkrankung, unbehandeltem Bluthochdruck, der „Raynaud Erkrankung", schweren Nieren- und Leberfunktionsstörungen, während Schwangerschaft und Stillzeit sowie nach Schlaganfällen)

7.2. Prüfung gefundener Webseiten bezüglich der zu erwartenden Angaben

Der schnellste und einfachste Weg zu Informationen zu kommen ist, das Stichwort „Migräne" bei der Suchmaschine „Google" einzugeben, und er wird auch von der überwiegenden Mehrzahl der Nutzer gewählt. Meist werden als Suchergebnis mehr als eine Millionen Seiten aufgelistet, wobei der Nutzer sich in der Regel auf die ersten Seiten beschränken wird.
Wie so häufig ist bei „Google" als erste Quelle „Wikipedia" (66) angegeben und somit für viele Nutzer das Portal der Wahl. Aus diesem Grund ist es notwendig „Wikipedia" mit in diese Untersuchung einzubeziehen.

7.2.1. „Wikipedia"

Um die gesuchten Information zu finden, muss der Nutzer lediglich die ersten drei Buchstaben des gesuchten Begriffes, in diesem Fall „mig" eingeben, und kann daraufhin den vom System genannten Vorschlag „Migräne" anklicken. Ein weiterer Klick auf das an oberer Stelle auftauchende „Migräne-Wikipedia" und der Nutzer ist da, wo er hinwollte (67). Der ganze Vorgang dauert ca. 3 Sekunden.

Die oben erwähnten Angaben werden bis auf die Angabe zu Nebenwirkungen der Schmerzmittel (arzneimittelinduzierter Kopfschmerz) und zu den Triptanen gefunden. Auch findet sich ein Hinweis, dass die regelmäßige Einnahme von Triptanen zu arzneimittelinduzierten Kopfschmerzen führen kann. Aus Nutzersicht ist kritisch anzumerken, dass die Informationen oft nicht klar verständlich und zu komplex sind, sodass die Übersichtlichkeit verloren geht.

7.2.2. „Netdoktor"

Der Nutzer ist auch hier in wenigen Sekunden auf der gesuchten Seite, die mit zwei Klicks zu erreichen ist (68). Das Portal steht auf Platz drei der von „Google" angegebenen Vorschläge. Die definierten Angaben werden alle genannt und die Informationen übersichtlich in 8 Schritten aufbereitet.

7.2.3. „Onmeda"

Der Nutzer ist wie bei „Netdoktor" in wenigen Sekunden mit zwei Klicks auf der gesuchten Seite (69). „Onmeda" wird an siebter Stelle auf der ersten Seite der von „Google" gelistet. Die vorab definierten Angaben werden alle genannt und die Informationen übersichtlich in 19 Schritten aufbereitet. Zusätzlich taucht ein Warnhinweis auf, dass Triptane niemals zusammen mit Ergotaminen eingenommen werden sollten. Auch werden die möglichen Nebenwirkungen bei Einnahme von Triptanen genannt. Da der Arzt eine genaue Beschreibung der Beschwerden bei einer Kopfschmerzattacke benötigt, um die Diagnose einer Migräne zu sichern, bietet „Onmeda" eine zusätzliche für den Nutzer hilfreiche Checkliste als Orientierung zur Vorbereitung auf das Arztgespräch an.

7.2.4. „Lifeline"

Bei „Lifeline" sind verschiedene Informationen zum Thema Kopfschmerzen und Migräne zu finden, allerdings nicht der gesuchte Überblick zur Migräne. „Migräne“ als Suchwort eingegeben, führt zu keinem konkreten Treffer (70). Erst ein Blick und Klick auf die obere Leiste mit dem Stichwort „Migräne“ liefert weitere Inhalte zu Ursachen, Symptomen (71), Diagnose etc.. In der Summe werden somit mindestens sechs Klicks benötigt, um die gesuchten Informationen zu finden. Das ist zu viel und lässt es unwahrscheinlich erscheinen, dass der Nutzer „Lifeline“ häufig nutzen wird. Auch wenn er bewusst „www.lifeline.de“ eingeben würde und dann als Suchbegriff „Migräne“ eintippt, tauchen zwar 1090 Hinweise/Artikel zum Thema auf, aber kein Überblick. Um dorthin zu kommen, muss der Nutzer folgendermaßen vorgehen: zuerst die *Specials* anklicken, hier aus der Liste „Migräne“ auswählen und dann nochmals auf der oberen Leiste „Migräne“ anklicken. Hier findet er endlich die relevanten Inhalte. Eine erfolgreiche Suche ist kaum möglich, sehr unübersichtlich und somit wenig nutzerfreundlich.

Die zuvor definierten Angaben sind in den Informationen genannt, allerdings fehlt der logische Aufbau. Denn die entsprechenden Angaben befinden sich auf verschiedenen Seiten und führen dadurch zur Verwirrung. Die Informationen zur Behandlung beispielsweise finden sich unter „Kopfschmerz“ und nicht unter „Migräne“. Inhaltlich fällt auf, dass bei Schmerzmitteln das Kombinationspräparat gar nicht erwähnt wird.

7.2.5. „GesundheitPro“

Über „Google“ kommt der Nutzer bei Eingabe des Begriffs „Migräne“ nicht auf „GesundheitPro“. Das heißt er muss

„GesundheitPro“ bzw. die Webadresse kennen und direkt eingeben. Mit der Eingabe des Suchbegriffs „Migräne“ findet er auch nur verschiedene Artikel zum Thema „Migräne“ aber nicht eine leicht nutzbare und hilfreiche Zusammenfassung. Dazu muss der „user“ „Krankheiten A-Z“ anklicken, unter „M“ nach Migräne suchen und dann den Begriff anklicken. Als versierter Nutzer dieser Webseite wäre man somit mit drei Klicks auf der gewünschten Seite (72). Alle anderen weniger erfahrenen Nutzer werden aber nur zufällig die gesuchten Informationen finden.

Es werden Informationen zu Ursachen, Beschwerden, Diagnose und Behandlung gegeben. Diese sind allerdings unvollständig. Es fehlt die Empfehlung ein Kopfschmerztagebuch zu führen, um evtl. „trigger“ zu identifizieren, auch werden die unterschiedlichen Phasen einer Migräne nur unvollständig erklärt. Bei der Medikamentenwahl fällt auf, dass vor dem in anderen Portalen empfohlenen Kombinationsschmerzmitteln gewarnt wird, dass Ergotamine empfohlen werden, wenn Schmerzmittel nicht ausreichen und dass erst dann Triptane eingenommen werden sollen. Außerdem fehlen Warnhinweise zu Triptanen und der gleichzeitigen Einnahme von Ergotaminen und Triptanen.

7.2.6. „Focus Gesundheit“

Über „Google“ erscheint „Focus Gesundheit“ bei Eingabe des Begriffs „Migräne“ erst auf der vierten Seite mit einem Artikel über „Richtige Behandlung für Migränepatienten“(73). Dieser Weg ist somit nicht sinnvoll. Der Nutzer muss konkret „Focus.de“ eingeben und dort suchen. Die Eingabe des Suchbegriffs „Migräne“ führt

dann aber ebenfalls nicht zum Ziel. Er muss sich weitere Gedanken machen, um mit Eingabe der richtigen Suchbegriffe bzw. Aktivieren der entsprechend eingerichteten „buttons“ (hier: Gesundheit, Ratgeber, Kopfschmerzen, Migräne: Quälende Attacken) zum Ziel zu kommen. Somit ist es für den im Netz Hilfesuchenden unwahrscheinlich, auf dieser Seite die gewünschten Informationen zu erhalten.
Inhaltlich fällt auf, dass Ergotamine nicht als mögliche Migränemittel erwähnt werden, dafür aber Pestwurz und Botulinum Toxin A als vielversprechende neue Behandlungsmittel empfohlen werden. Außerdem fehlen die Warnhinweise zu den Triptanen.

7.2.7. „Gesundheitsinformation“

Da das „IQWiG“ wenig in die Positionierung der Inhalte investiert, wird der Nutzer über „Google“ nicht auf diese Seite kommen, um sich über Migräne zu informieren. Er muss die Seite kennen und aktiv aufrufen. Dann allerdings ist er schnell entweder per Eingabe des Suchbegriffs oder mit zwei direkten Klicks (Kopf und Nerven, Spezial Migräne) beim Merkblatt zum Thema „Migräne“ (74).

Die vorab definierten Angaben werden gemacht. Es fehlen allerdings noch Hinweise zur nichtmedikamentösen Therapie, die später aufgenommen werden sollen. Auffallend ist, dass es ein Extra-Merkblatt für Kinder und Jugendliche gibt und die Informationen auch als Hörformat zu empfangen sind.

8. Wesentliche Ergebnisse einer zusätzlich durchgeführten Befragung

Um die bisherigen Ergebnisse dieser Untersuchung zu überprüfen und auf eine breitere Basis zu stellen, wurde zusätzlich eine Befragung durchgeführt (siehe Anlage). Hierzu wurden per Email 100 Personen angesprochen. In einem ersten Schreiben wurden die Angeschriebenen gebeten, sich die hier untersuchten Webseiten genauer anzusehen. Im Folgeschreiben folgte der „link" zur eigentlichen Befragung mit der Bitte diese bis zum 01.04.2009 auszufüllen. 86 Teilnehmer haben sich die genannten Seiten angeschaut und 69 davon auch die Bögen ausgefüllt und zurückgeschickt. 80% der Teilnehmer/innen sind im Alter von 30-50 Jahren, je zur Hälfte Frauen und Männer und 30% davon arbeiten im Gesundheitswesen. Es wurden insgesamt 16 Fragen gestellt.

Die wichtigsten Ergebnisse der Umfrage sollen hier im Folgenden zusammengefasst werden:

1. Die Teilnehmer erhalten Empfehlungen zur Gesundheitsfürsorge überwiegend vom Arzt (36,23%) und von Familie und Freunden (27,54%). Eher selten werden dagegen Apotheker (55,07%) und Internet (47,83%) zu Rate gezogen.
2. Für fast 90% der Teilnehmer ist die Beschaffung von Informationen der Hauptzweck, um im Internet Gesundheitsportale aufzurufen. Andere Gründe wie Arzt und/oder Kliniksuche (30,43%), Expertenrat (26,09%), „Chat" mit Betroffenen (2,9%), Vorbereitung auf einen Arztbesuch (13,04%), sowie der

Kauf von Medikamenten (17,39%) spielen nur eine untergeordnete Rolle.

3. Nur 14,49% der Teilnehmer suchen regelmäßig nach Informationen zum Thema Gesundheit/Krankheit im Internet, 43,48% ab und zu und 42,03% fast nie.

4. Von den hier untersuchten Webseiten kannten bereits knapp 58% der Befragten das Portal von „Netdoktor". Es folgen „Focus" (26,09%) und „Onmeda" (21,74%).

5. Kaum bekannt sind hingegen „Lifeline" und „GesundheitPro" mit je 11,59%. Immerhin 14,49% kannten die Seite vom „IQWiG".

6. Das Kriterium der Glaubwürdigkeit von Webseiten wurde von 86,96% der Befragten als „sehr wichtig" eingestuft. Es folgen die Kriterien „persönlicher Nutzen" (62,32%), Übersichtlichkeit (55,07%), sowie die Auswahl der Inhalte und Bedienerfreundlichkeit mit je 44,93%.

7. Von allen Teilnehmern wurde das Portal „Netdoktor" mit einem Mittelwert von 2,04 am besten bewertet. Es folgen „Onmeda" (2,166), „GesundheitPro" (2,208), „Gesundheitsinformation" (2,394), „Lifeline" (2,566) und als Schlusslicht „Focus" (2,734).

8. „Netdoktor" (Mittelwert: 1,86) und „Gesundheitsinformation" (1,96) sind die beiden Portale mit der größten Glaubwürdigkeit. „Lifeline" (2,49) und „Focus" (2,51) werden hingegen als weniger glaubwürdig eingestuft. Auch in Bezug auf die Bedienerfreundlichkeit schneidet „Netdoktor" (Mittelwert von 1,94) gefolgt von „Onmeda" (2,13) und „GesundheitsPro"

(2,16) am besten ab. Als besonders bedienerunfreundlich werden „Lifeline“ (2,58) und „Focus“ (2,65) wahrgenommen.

9. Dieselben Einschätzungen gelten für die Auswahl der Inhalte (knapp, aber aussagefähig).

10. Beim Kriterium des „persönlichen Nutzens“ (d.h. wie einfach finde ich eine Antwort auf meine Frage) wird allerdings „Onmeda“ (2,25) knapp besser als „Netdoktor“ (2,28) bewertet. Eindeutiges Schlusslicht ist auch hier „Focus“ mit einem Mittelwert von nur 2,94.

11. In der Übersichtlichkeit liegt „Netdoktor“ mit einem Mittelwert von 2,03 wieder deutlich vor „Onmeda“ (2,23). Besonders unübersichtlich dagegen wird auch hier „Focus“ (2,87) eingestuft.

9. Schlussfolgerungen

Um die differenzierte Einschätzung der einzelnen Portale zusammenzufassen und zu vergleichen soll im Folgenden eine Rangliste ermittelt werden, in der alle hier untersuchten Bewertungen einfließen.

Als erstes Kriterium spielt die Anzahl der Inhalte und der positiven Qualitätskriterien eine Rolle (siehe Kapitel 6). Hier wird für jedes Ja 1 Punkt vergeben und für jedes Nein einer abgezogen und so eine Gesamtpunktzahl ermittelt.
Anschließend werden die Ergebnisse der Bewertung aus Nutzersicht (siehe Kapitel 7) und der Umfrage (siehe Kapitel 8) berücksichtigt.

Diese drei Kriterien werden zu folgenden Teilen gewichtet: Anzahl der Inhalte und positiven Qualitätskriterien zu 40%, Bewertung aus Nutzersicht zu 30%, sowie das Umfrageergebnis zu 30%.

Hieraus ergibt sich folgende Einschätzung[5]:

Kriterien	**Net–doktor**	**Onmeda**	**Lifeline**	**Gesund-heit-Pro**	**Focus**	**Gesund-heits Infor-mation**
Anzahl der Punkte zu Inhalt und Qualität	4	8	-4	8	4	-4
Bewertung aus Nutzer-sicht	6	6	-3	-3	-3	-3
Berücksich-tigung der Umfrage-ergebnisse	6	3	-3	3	-3	3
Ergebnis	***+16***	***+ 17***	***- 10***	***+ 8***	***- 2***	***- 4***
Rangfolge	**2**	**1**	**6**	**3**	**4**	**5**

5 Detailliert wurde folgendermaßen vorgegangen: Beim erstem Kriterium wurde die Anzahl der Punkte zu Inhalt und Qualität mit sehr gut (2), gut (1) oder schlecht (-1) bewertet. Dabei waren Punkte größer 25 als sehr gut, Punkte von 10-25 mit gut und Punkte weniger als 10 mit schlecht bewertet. Da dieses Kriterium mit 40 % gewichtet wurde, sind die Ergebnisse mit 4 multipliziert worden, also aus einem gut (+1) ergeben sich (+4). Entsprechend wurden die beiden anderen Kriterien bewertet. Die Ergebnisse sind entsprechend der Gewichtung von 30 % mit drei multipliziert worden. Abschließend sind dann die Ergebnisse aufaddiert worden, so dass sich eine Rangfolge ergeben hat.

Somit führt „Onmeda“ knapp vor „Netdoktor“ die Rangliste an. Beide Portale sind qualitativ gut gemachte Webseiten mit zahlreichen nützlichen Inhalten, wobei „Onmeda“ hier leichte Vorteile hat. Aus Nutzersicht (anhand der beispielhaften Recherche zum Stichwort „Migräne“) schneiden beide Portale ebenfalls am besten ab. Der Nutzer ist durch die Hilfe von Suchmaschinen mit wenigen Mausklicks schnell auf der für ihn wichtigen Seite. Auch in der Umfrage liegen beide Portale vorne. Hier weist dagegen „Netdoktor“ leichte Vorteile auf. In Bezug auf die Kriterien „Glaubwürdigkeit“, „Bedienerfreundlichkeit“, „Auswahl der Inhalte“, und „Übersichtlichkeit“ bekommt das Portal ebenfalls Bestnoten. Nur beim „persönlichen Nutzen“ liegt „Onmeda“ knapp vorne.

Dahinter auf Platz drei folgt das Portal „GesundheitPro“. Die Onlineplattform des „Wort und Bild Verlags“ ist ein gut gemachtes Portal, dass sich in Qualität und Inhalte mit „Netdoktor“ und „Onmeda“ messen kann. Aus Nutzersicht hingegen bestehen deutliche Mängel. Über Suchmaschinen ist die Webseite kaum zu finden, und der Nutzer muss darüber hinaus die Webseite sehr gut kennen, um die für ihn relevanten Information zu finden. Die durchgeführte Umfrage sieht „GesundheitPro“ in den untersuchten Kriterien hinter „Netdoktor“ und „Onmeda“ im Mittelfeld der beteiligten Portale.

Die restlichen drei Portale werden eher negativ bewertet. Während „Focus“ durchaus noch mit den Inhalten punkten kann und „Gesundheitsinformation“ zumindest in der Umfrage in Bezug auf Glaubwürdigkeit gut abschneidet, befindet sich „Lifeline“ in allen drei Kategorien am unteren Ende. Das Portal wirkt verwirrend und unglaubwürdig, die Informationen sind für den Nutzer schwer aufzurufen und auch in der Umfrage bekommt „Lifeline“ neben „Focus“ die schlechtesten Noten.

Einschränkend zu dieser Rangordnung muss erwähnt werden, dass zwar die Vielzahl und die formale Qualität mit Hilfe von definierten Kriterien (HON Code, afgis, DISCERN-Instrument) berücksichtigt worden sind, aber nicht die inhaltliche Qualität und Richtigkeit der Texte. Außerdem kann es je nach Gewichtung der Kriterien dieser Rangliste zu unterschiedlichen Ergebnissen kommen. So kam eine neue Untersuchung von Stiftung Warentest im Juni 2009 (75) bei einem Vergleich von zwölf Gesundheitsportalen aus Deutschland, Österreich und der Schweiz zu dem Ergebnis, dass die drei Portale „GesundheitPro“, „Netdoktor“ und „Vitanet“ (76) gleichauf mit knapp „gut“ beurteilt werden. Hier wurden die inhaltliche Qualität (gewichtet mit 60%), die Handhabung der Webseite (mit 30%) und der Umgang mit Anfragen (mit 10%) bewertet.

Des Weiteren muss auch berücksichtigt werden, dass die Portale von „Focus“ und „Gesundheitsinformation“ eine andere Zielstellung haben und somit nur mittelbar mit den anderen vier Portalen verglichen werden können.

Aufgrund der Analyse der Gesundheitsportale kann dem interessierten Nutzer allgemein empfohlen werden, dass er sich zu verschiedenen Problemstellungen einige Portale aussucht und miteinander vergleicht. Hierbei sollte er auf die gängigen Qualitätskriterien achten und Bewertungen durch seriöse Institutionen wie

die „Stiftung Warentest" berücksichtigen. Danach sollte er das aus seiner Sicht überzeugendste Portal als „Favorit" auf seinem PC ablegen, so dass er bei der nächsten Informationssuche einen schnellen und direkten Zugriff hat.
Obwohl er dadurch zwar relativ leicht viele wichtige und hilfreiche Informationen zum Thema Krankheit, Vorsorge, Fitness etc. bekommen kann, sollte er aber keine persönlich detaillierte Beratung mit Therapieempfehlungen erwarten und im Zweifel immer den Arzt aufsuchen.

Abgeleitet aus den Untersuchungen und Ergebnissen dieser Studie ergeben sich abschließend für die unter Kapitel 2 genannten Thesen folgende Feststellungen:

These 1: Der interessierte Patient ist ein mündiger Bürger und wird nur Portalen trauen, die kompetent und unabhängig die für ihn wichtigen Informationen vermitteln, und kann diese auch bezüglich ihrer Zuverlässigkeit bewerten.

Vieles spricht für die These, dass nur kompetente und unabhängige Portale sich in der Gunst der Nutzer durchsetzen werden. Für die Teilnehmer der Befragung ist „Glaubwürdigkeit" das mit deutlichem Abstand wichtigste Kriterium zur Einschätzung der Webseiten. Die Befragung zeigt zudem, dass die Nutzer die Qualität der Portale durchaus einzuschätzen wissen. „Netdoktor" und „Onmeda" werden als "gut" bewertet und sind gleichzeitig die am meisten besuchten klassischen Gesundheitsportale.

Trotzdem kann die These nicht uneingeschränkt bestätigt werden.

„Lifeline" und „Focus" beispielsweise erfüllen nicht die notwendigen Transparenzkriterien und sind trotzdem relativ erfolgreich. Die Gründe dafür können sein, dass ihre aufwändig und modern gestaltete Art über die fehlende Transparenz hinwegtäuscht und dass für viele „user" die spannende Unterhaltung wichtiger ist als eine seriöse Information. Aber in der Tendenz sinken zumindest schon bei „Lifeline" die aktuellen Zahlen zur Reichweite und lassen einen Rückschluss darauf zu, dass hier Akzeptanzprobleme aufgetreten sind.

Interessant wird in Zukunft sein, wie sich „Gesundheitsinformation" entwickeln wird. Die Glaubwürdigkeit ist vorhanden, aber es wird erforderlich sein, mit zusätzlichen Angeboten und einer besseren Verlinkung und Vermarktung zusätzliche Nutzer zu erreichen und zu binden.

These 2: Die Gesundheitsportale werden zwar genutzt, aber noch sind Empfehlungen des Apothekers, der Freunde, der Familie wichtiger für Entscheidungen in Bezug auf Gesundheitsvorsorge, Arzneimittelkauf im Rahmen der Selbstmedikation und persönliche Fitness.

Diese These wird klar durch die Ergebnisse der Studie bestätigt. Es zeigt sich, dass heute noch überwiegend der Arzt und der enge Freundes-/Familienkreis in Gesundheitsfragen zu Rate gezogen werden. Das Internet, Zeitungen, Magazine und Bücher spielen hingegen eine eher untergeordnete Rolle. Auch Apotheken haben nach wie vor eine relativ geringe Bedeutung. Die Mehrzahl der Teilnehmer (55,07%) erhält vom Apotheker eher selten Gesundheitsempfehlungen. Darüber hinaus zeigt sich in der Befragung, dass nur 14,49% der Teilnehmer überhaupt regelmäßig nach Informationen zum Thema Gesundheit im Internet suchen, 42,03% dagegen fast nie. Wenn aber Webseiten zum Thema Gesundheit aufgesucht werden, steht bei fast allen Teilnehmern (89,86%) die aktive Suche nach ganz bestimmten Informationen im Vordergrund. Es folgen mit deutlichem Abstand „Arzt und Kliniksuche" mit 30,43%, sowie die „Suche nach Expertenrat" mit 26,09%. Von untergeordnetem Interesse sind „lockeres Surfen" (23,19%), „Kauf von Medikamenten" (17,39%) sowie die „Vorbereitung auf einen Arztbesuch" (13,04%). Nur sehr wenige (2,90%) nutzen den Austausch mit anderen Betroffenen in den „Chatforen".

These 3: Das Internet ist immer noch einem schnellen Wandel unterworfen und es ist nicht absehbar, welche die großen Massenportale der Zukunft zum Thema Gesundheit sein werden, da die Zukunft der Portale aufgrund der noch immer gering ausgeprägten Zahlungsbereitschaft für Informationsdienstleistungen aus dem Internet ungewiss ist.

Die These des Wandels trifft uneingeschränkt zu. Alle untersuchten Portale durchlaufen derzeit große Veränderungsprozesse. Sie haben entweder neue Vermarktungspartner („Netdoktor"), wurden vor kurzem verkauft („Onmeda") oder versuchen ein neues Patientenportal wieder zu etablieren („Lifeline" mit „Yavivo"). Auch andere hier nicht untersuchte vormals sehr erfolgreiche Portale haben in den letzten Jahren ihre Besitzer gewechselt bzw. sind vom Netz genommen worden. In jüngerer Zeit drängen verstärkt Verlage, wie „Focus" oder auch Organisationen wie das „IQWiG" in den Markt und versuchen dem Trend der zunehmenden Informationssuche der Patienten im Internet zu entsprechen und das Feld der Gesundheitsinformationen verstärkt zu besetzen.

Die meisten Webseiten erzielen zwar Einnahmen durch Werbung, aber in der aktuellen Krise werden viele Unternehmen ihre Ausgaben einschränken. Auch sind die Werbeeinahmen nicht so hoch wie sich durch vergleichbare Anzeigen in Printmedien erzielen lassen, sodass die Frage bleibt, wie die Portale Gewinne erwirtschaften wollen. Sie müssen zumindest einige Redakteure bezahlen, um den Internettauftritt zu betreuen und zu erweitern.

„Gesundheitsinformation" ist dabei im Vorteil, da das Portal aus Steuern finanziert wird. Auch „Wort und Bild Verlag" („GesundheitPro") bzw. „Focus" („Focus Gesundheit") haben hier Vorteile, da sie ihre Redakteure gleichzeitig für Printerzeugnisse und für das Onlineportal einsetzen können. Das Geld wird dabei mit der „Apothekenumschau" bzw. dem „Focus Magazin" erwirtschaftet und der Onlinebetrieb bezuschusst. Gründe für das On-line-Engagement können Imagegewinn sein bzw. die Überlegung im Internettrend vorne dabei zu sein und später zu sehen, wie dieser Bereich profitabel gemacht werden kann.

Hinter den klassischen Portalen „Netdoktor", „Onmeda" und „Lifeline" stehen zwar auch größere Verlage wie „Holtzbrinck", „Springer" und der davon unabhängige „Springer Science". Allerdings sind die genannten Portale nur jeweils Teil einer ganzen Gruppe von Internetportalen und werden oft auch als Investitionen betrachtet. Sie werden sich aber erst als wirtschaftlich erfolgreich beweisen müssen, da sie ansonsten bei weiter niedrigen Werbeeinnahmen geschlossen werden dürften. Zusätzlich haben die

Eigentümer von „Springer Science" (und damit u.a. „Lifeline") aktuell akute Finanzprobleme aufgrund einer Schuldenlast von ca. 2 Milliarden Euro (77) und werden versuchen Anteile bzw. Portale abzustoßen, um Liquidität zu bekommen. Anderen Eigentümern könnte es ähnlich ergehen, da auch hier Finanzinvestoren im Hintergrund stehen, die in absehbarer Zeit eine Rendite erwirtschaften wollen.

Sicher ist, dass sich langfristig wie in fast allen anderen Wirtschaftsbereichen nur wenige große Anbieter durchsetzen werden. Deshalb ist es nicht gewagt zu behaupten, dass am Ende die großen Nachrichtenverlage die Entwicklung vorantreiben werden, da die Bereitstellung von Informationen ihr Kerngeschäft und somit ihr Interesse am Informationsmedium Internet langfristiger Natur ist.

Abzuwarten bleibt dabei, wie sich „Wikipedia" als Informationsanbieter weiter entwickelt. „Wikipedia" ist ein Projekt freiwilliger Autoren zum Aufbau einer Enzyklopädie durch die Nutzer. Schon jetzt sind alle wichtigen Krankheiten/Indikationen dort beschrieben. Bedingt dadurch, dass alle zugreifen können und Fehler schnell wieder durch die Internetgemeinde revidiert werden, hat „Wikipedia" zumindest bei Laien einen ausgezeichneten Ruf, auch wenn es in Wissenschaftlerkreisen wegen der potentiellen Gefahr unseriöser Einträge nicht uneingeschränkt anerkannt wird. Darüber hinaus benötigt „Wikipedia" kein Businessmodell, da es zur „Wikimedia Foundation" gehört, welche eine internationale nichtstaatliche „Non-Profit-Organisation" ist, die sich der Förderung freien Wissens verschrieben hat. Somit stellt „Wikipedia" schon jetzt eine große Konkurrenz für die an Profitabilität interessierten

Gesundheitsportale dar.

These 4: Die informativen Möglichkeiten des Internets führen dazu, dass alle banalen Erkrankungen ohne Besuch des Arztes oder des Apothekers behandelt werden. Bei komplexen Erkrankungen werden weiterhin Arzt und Apotheker eine entscheidende Rolle spielen. Allerdings muss der Einzelne in der Lage sein, dies beurteilen zu können, ohne dass eine dringende Behandlung verzögert wird.

Mit Hilfe der genannten Webseiten kann eine Vielzahl von Gesundheitsinformationen und Dienstleistungen generiert werden, sodass die Kernaussagen der These längerfristig zutreffen werden. Junge Leute werden die Informationen (evtl. in Absprache mit Familie/Freunden) im Internet suchen, gegebenenfalls die entsprechende Hinweise befolgen, Medikamente (soweit möglich) im Internet bestellen und sich liefern lassen (sei es nach Hause oder in die nächste Apotheke/Drogerie/Supermarkt) und Ärzte per Email konsultieren. Viele Prozesse im Gesundheitsbereich werden somit analog zu den Banken oder Reisebüros nur noch „online" abgewickelt.

Allerdings kann sich dieser Prozess noch über einen längeren Zeitraum hinziehen. Die Mehrzahl der Menschen wird weiter den persönlichen Kontakt Arzt und Apotheker suchen, denn viele Bürger trauen der Information im Netz nur bedingt. Ängste zum Thema Sicherheit und Datenschutz werden nicht ohne weiteres ausgeräumt werden können und der persönliche Kontakt zum Arzt und Apotheker des Vertrauens weiter entscheidend sein. Viele trauen sich auch zudem nicht zwischen leichten und komplexen Erkrankungen selber zu unterscheiden. Die Ergebnisse der durchgeführten

Befragung bestätigen das. Noch spielen der Arzt und der Freundes- und Familienkreis eine überragende Rolle beim Thema Gesundheit. 42,03% der Umfrageteilnehmer suchen diesbezüglich fast nie Rat im Internet und weitere 43,48% nur ab und zu. Bis auf „Netdoktor" waren zudem die hier untersuchten und aktuell meistgenutzten Portale der Mehrzahl nicht bekannt. Und obwohl fast alle Teilnehmer (98,55%) dem Internet eine wichtige Funktion für die Informationsbeschaffung und Aufklärung zubilligen, würden nur 5,8% Gesundheitsprodukte wie beispielsweise Medikamente dort kaufen.

10. Abstract

Auf dem Gesundheitsmarkt steht inzwischen ein großes Angebot an Informationen zur Verfügung, das durch die Entwicklung des Internets in den letzten 10 Jahren eine nahezu unüberschaubare Dimension erreicht hat. Das bedeutet in der Konsequenz aber auch, dass dem Nutzer Hilfestellungen angeboten werden müssen, damit er mit vertretbarem Aufwand die für ihn geeignete Gesundheitsseite finden kann, die ihm möglichst zuverlässige Informationen und Antworten auf seine meist sehr konkreten Fragen geben. Die vorliegende Untersuchung soll deshalb einen kritischen und aktuellen Überblick der wichtigsten privaten und staatlich geförderten Gesundheitsportale geben und diese anhand ausgewählter Kriterien bewerten.

Dabei sollen folgende Thesen geprüft werden:

These 1: Der interessierte Patient ist ein mündiger Bürger und wird nur Portalen trauen, die kompetent und unabhängig die für ihn wichtigen Informationen vermitteln und kann diese auch bezüglich ihrer Zuverlässigkeit bewerten.

These 2: Die Gesundheitsportale werden zwar genutzt, aber noch sind Empfehlungen des Apothekers, der Freunde, der Familie wichtiger für Entscheidungen in Bezug auf Gesundheitsvorsorge, Arzneimittelkauf im Rahmen der Selbstmedikation und persönliche Fitness.

These 3: Das Internet ist immer noch einem schnellen Wandel unterworfen und es ist nicht absehbar, welche die großen Massenportale der Zukunft zum Thema

Gesundheit sein werden, da die Zukunft der Portale aufgrund der noch immer gering ausgeprägten Zahlungsbereitschaft für Informationsdienstleistungen aus dem Internet ungewiss ist.

These 4: Die informativen Möglichkeiten des Internets führen dazu, dass banale Erkrankungen zunehmend ohne Besuch des Arztes oder des Apothekers behandelt werden. Bei komplexen Erkrankungen werden weiterhin Arzt und Apotheker eine entscheidende Rolle spielen. Allerdings muss der Einzelne in der Lage sein, dies beurteilen zu können, ohne dass eine dringende Behandlung verzögert wird.

Methodisch wird zunächst allgemein beschrieben, wie die Portale aufgebaut sind, welche Ziele verfolgt werden, wie die Reichweiten aussehen und welche Inhalte angeboten werden. Danach werden die Qualität, Unabhängigkeit und Klarheit der dargestellten Informationen mit Hilfe von den drei gängigen Prüfinstrumenten HON Code, afgis-Logo und DISCERN-Instrument untersucht. Des Weiteren wird die Qualität der Webseiten aus Nutzersicht bewertet, indem anhand eines Beispiels geprüft wird, ob der Nutzer schnell und einfach relevante Informationen mit einer definierten Qualität erhalten kann. Um abschließend die Einschätzung der gelisteten Portale auf eine empirische Grundlage zu stellen, wurde zusätzlich ein Fragebogen entwickelt, versandt und ausgewertet.

Beim Vergleich der ausgewählten Portale hat sich ergeben, dass insbesondere die Gesundheitsportale „Onmeda“ und „Netdoktor“ dem Nutzer mit vertretbarem Aufwand zuverlässige Informationen zur Verfügung stellen. Beide Portale sind qualitativ gut gemachte Webseiten mit zahlreichen nützlichen Inhalten, wobei „Onmeda“

leichte Vorteile aufweist.

Aufgrund der Analyse der Gesundheitsportale kann dem interessierten Nutzer allgemein empfohlen werden, dass er zu den ihn interessierenden Fragen immer mehrere Portale in ihren Aussagen miteinander vergleicht. Hierbei sollte er auf die gängigen Qualitätskriterien achten und Bewertungen durch seriöse Institutionen wie die „Stiftung Warentest" berücksichtigen. Danach sollte er das aus seiner Sicht überzeugendste Portal als „Favorit" auf seinem PC ablegen, sodass er bei der nächsten Informationssuche einen schnellen und direkten Zugriff hat.

Die Studie bestätigt auch die im Vorfeld aufgestellten Thesen, dass
- sich vor allem kompetente und unabhängige Portale langfristig in der Gunst der Nutzer durchsetzen werden,
- immer noch überwiegend der Arzt und der engere Freundes- bzw. Familienkreis für Fragen in Bezug auf Krankheit/Gesundheitsvorsorge zu Rate gezogen werden,
- noch nicht klar erkennbar ist, welche Portale sich beim Nutzer durchsetzen werden, aber vermutlich die großen Nachrichtenverlage zusammen mit „Wikipedia" als entscheidende Akteure im Konkurrenzkampf dazu gehören werden,
- dem Internet bereits eine große Rolle zur Informationsbeschaffung zukommt, aber bei komplexeren Erkrankungen weiterhin der Arzt eine wichtige Rolle neben dem Apotheker im „OTC"-Bereich als Vertrauensperson und Problemlöser spielt.

11. Verwendete Literatur

1) „tagesschau.de" vom 8.1.2009
2) http://www.jmir.org/2008/4/e42/HTML)
3) http://www.aerztezeitung.de/politik_gesellschaft/gesundheitspolitik_international/?sid=500981
4) „Stiftung Warentest" vom 11.4..2003, Vergleich von 8 Gesundheitsportalen im Internet
5) „Capital" Ausgabe 18 2000, 24. August 2000, 25 deutschsprachige Gesundheitsportale
6) http://www.netdoktor.de/, im April 2009
7) http://www.onmeda.de/, im April 2009
8) http://www.lifeline.de/cda/home.html, im April 2009
9) http://www.gesundheitpro.de im April 2009
10) http://www.focus.de/gesundheit im April 2009
11) http://www.gesundheitsinformation.de/index.de.html im April 2009
12) Weitere mögliche Hypothesen sind unter www.medical-communities.de/pdf/pricewaterhouse.pdf zu finden
13) http://www.aerzteblatt-international.de/v4/archiv/artikel.asp?src=heft&id=38841
14) http://www.bloofusion.de/news-artikel/standpunkt/sumaxx/
15) http://www.bloofusion.de/news-artikel/standpunkt/sumaxx/sumaxx-q4-2008.pdf
16) http://www.agof.de/if-2007-iv-teil-2-vermarkter.download.39a334006621e66501ad540552eec43a.pdf
17) http://www.ivw.de/
18) http://www.hon.ch/
19) http://www.hon.ch/HONcode/Patients/Conduct.html

20) http://www.afgis.de/
21) http://www.afgis.de/qualitaetslogoverfahren/quali_transparenz_html/
22) http://www.discern.de/
23) www.medical-communities.de/pdf/pricewater/house.pdf
24) http://www.netdoktor.de/ND-intern/Historie/
25) http://www.agof.de/index.619.html
26) http://www.ivwonline.de/ausweisung2/search/ausweisung.php
27) http://www.ivwonline.de/ausweisung2/search/angebot.php
28) http://www.netdoktor.de/Krankheiten/Haemorrhoiden/
29) http://www.onmeda.de/ueber_uns.html
30) http://www.agof.de/index.619.html
31) http://www.ivwonline.de/ausweisung2/search/ausweisung.php
32) http://www.ivwonline.de/ausweisung2/search/angebot.php
33) http://i.onmeda.de/onmeda_mediadaten.pdf
34) http://www.medipreis.de
35) http://www.onmeda.de/foren/forum-alzheimer/list.html
36) http://www.onmeda.de/krankheiten/haemorrhoiden.html
37) http://www.lifeline.de/cda/home/content-196036.html
38) www.yavivo.de
39) http://www.medizin-online.de/cda/DisplayHome.do?gateway=true
40) http://www.springer-business-media.de/sbm/websites.html
41) http://www.agof.de/index.619.html
42) http://www.ivwonline.de/ausweisung2/search/ausweisung.php
43) http://www.ivwonline.de/ausweisung2/search/angebot.php
44) http://www.special-akupunktur.de/akupunktur/home.html
45) http://www.haemorriden.net/haemorrhoiden/home.html
46) http://www.haemorriden.net/haemorrhoiden/home.html

47) http://www.lifeline.de/cda/krankheiten_a-z/krankheitenlexikon/content-130368.html
48) http://www.agof.de/index.619.html
49) http://www.ivwonline.de/ausweisung2/search/ausweisung.php
50) http://www.ivwonline.de/ausweisung2/search/angebot.php
51) http://www.afgis.de/qualitaetslogoverfahren/quali_transparenz_html/
52) http://www.gesundheitpro.de/Haemorrhoiden-Magen-und-Darm-A050829ANONI013312.html
53) http://www.agof.de/index.619.html
54) http://www.agof.de/index.619.html
55) http://www.ivwonline.de/ausweisung2/search/ausweisung.php
56) http://www.ivwonline.de/ausweisung2/search/angebot.php
57) http://www.tomorrow-focus.de/language_de_/index.html
58) http://www.jameda.de/
59) http://www.medipreis.de/
60) http://www.apotheken.de/
61) http://www.pillenzeit.de/
62) http://www.focus.de/gesundheit/ratgeber/verdauung/darm/symptome/haemorrhoiden/problemzone-po_aid_12405.html
63) http://www.iqwig.de/
64) http://www.gesundheitsinformation.de/merkblatt-erkaeltung.29.176.de.html
65) http://www.dmkg.de/pdf/migraeneleitlinien2008.pdf
66) http://de.wikipedia.org/wiki/Wikipedia:Hauptseite
67) http://de.wikipedia.org/wiki/Migr%C3%A4ne
68) http://www.netdoktor.de/Krankheiten/Migraene/Wissen/Migraene-6.html
69) http://www.onmeda.de/krankheiten/migraene.html

70) http://www.lifeline.de/kopfschmerz/sitesearch/searchform.html
71) http://www.lifeline.de/kopfschmerz/migraene/symptome/content-121862.html
72) http://www.gesundheitpro.de/Migraene-Migraene-A050829ANONI013105.html
73) http://www.focus.de/gesundheit/ticker/muenchen-richtige-behandlung-fuer-migraene-patienten_aid_378650.html
74) http://www.gesundheitsinformation.de/merkblatt-medikamente-zur-migranebehandlung-bei-erwachsenen.583.493.de.html
75) „Stiftung Warentest" in der Juniausgabe 2009, Gesundheitsportale im Internet
76) http://www.vitanet.de/ im Juni 2009
77) „Financial Times Deutschland" vom 28.4. 2009

Weiterbildender Masterstudiengang Consumer Health Care

Der weiterbildende Masterstudiengang Consumer Health Care wurde im März 2001 an der Humboldt-Universität Berlin ins Leben gerufen und ist inzwischen an der Charité - Universitätsmedizin Berlin angesiedelt. Die staatliche Anerkennung erfolgte 2004 mit der Akkreditierung, im Jahre 2009 wurde der Studiengang erfolgreich reakkreditiert. Neben dem Master of Science kann auch das international anerkannte Diploma Supplement erworben werden.

Das Weiterbildungsstudium befasst sich mit den Bedürfnissen der Verbraucher von Gesundheitsprodukten, insbesondere von Arzneimitteln, und untersucht die Entwicklung von Gesundheitsmärkten und deren Wandlungsprozesse unter rechtlichen, pharmakoepidemiologischen und gesundheitsökonomischen Aspekten. Es richtet sich an Mitarbeiter der pharmazeutischen Industrie, Krankenkassen, Consulting-Unternehmen und Verbände sowie an Berufsanfänger, vorzugsweise an Absolventen eines Studiums der Medizin oder Pharmazie oder anderer für Consumer Health Care relevanten Studienfächer wie beispielsweise Wirtschafts-, Rechts-, Ernährungs-, Gesundheits- oder Pflegewissenschaften, Biologie, Chemie, Soziologie, Psychologie, Sozialpädagogik u. ä.

Ziel des Studiums ist der Erwerb und die Weiterentwicklung von Kenntnissen und Fertigkeiten, die bei einer Tätigkeit in der verbraucherorientierten Gesundheits- und Arzneimittelversorgung erforderlich sind, wobei auf ein fächer- und sektorübergreifendes Denken besonderer Wert gelegt wird. Zu den inhaltlichen Schwerpunkten gehören die gesetzlichen Grundlagen einer verbraucherorientierten Arzneimittelversorgung, Pharmakoepidemiologie und Pharmakovigilanz, Gesundheitsökonomie und Gesundheitsmanagement sowie Qualitätssicherung und ethische Aspekte der Arzneimittelversorgung. Weiterhin soll das Ergänzungsstudium eine Plattform für die Konsensfindung zwischen allen Partnern bilden, die an der gesundheitlichen Betreuung teilnehmen. Didaktisch steht eine integrative Wissensvermittlung im Vordergrund, die das jeweilige grundständige Studium der Teilnehmer ergänzt. Die Absolventen erwerben eine zusätzliche Qualifikation und sind damit für leitende Aufgaben im Bereich der Arzneimittelversorgung besonders geeignet.

Das berufsbegleitende Studium setzt sich aus fünf 14-tägigen Präsenzmodulen mit Vorlesungen, Seminaren, Debatten und dem zwischenzeitlichen Selbststudium zusammen. Die Dozenten kommen sowohl aus dem universitären bzw. akademischen Bereich als auch aus der Wirtschaft.

Die Veranstaltungen finden zweimal pro Semester als 14-tägige Blockveranstaltungen statt, d. h. drei pro Jahr und insgesamt fünf. Der Studienort ist Berlin-Mitte. Die Studiendauer beträgt vier Semester und gliedert sich in ein dreisemestriges Fachstudium mit Klausuren am Ende der jeweiligen Präsenzveranstaltungen plus ein Semester für die Masterarbeit. Parallel zum Studium sind zwei Projektarbeiten zu schreiben. Die Teilnahme an den Modulen kann entsprechend der individuellen beruflichen und familiären Situation flexibel gestaltet werden, wodurch die Studienzeit sich gegebenenfalls entsprechend verlängert. Für die erfolgreiche Teilnahme (bestandene Klausuren sowie zwei akzeptierte Projektarbeiten) wird ein Zertifikat vergeben. Für Teilnehmer, die darüber hinaus den Mastertitel anstreben, ist eine schriftliche Abschlussarbeit (Masterarbeit) vorzulegen und in einer mündlichen Prüfung öffentlich zu verteidigen. Der Mastertitel kann jedoch nur erworben werden, wenn durch den Hochschulabschluss des grundständigen Studiengangs 240 Credit Points nachgewiesen werden können. Verliehen wird der Titel „Master of Science".

Der Studiengang ist als Bildungsurlaub laut Berliner Bildungsurlaubsgesetz (BiUrlG) vom 24. Oktober 1990 (GVBl. S. 2209) § 11 anerkannt.

Weitere Informationen finden Sie auf der Homepage des Studiengangs www.consumer-health-care.de

Abonnement

Hiermit abonniere ich die **Schriftenreihe Masterstudiengang Consumer Health Care (ISSN 1869-6627),** herausgegeben von Prof. Dr. Marion Schaefer,

❐ ab Band # 1

❐ ab Band # ___

❐ Außerdem bestelle ich folgende der bereits erschienenen Bände:
#___, ___, ___, ___, ___, ___, ___, ___, ___, ___, ___, ___

❐ ab der nächsten Neuerscheinung

❐ Außerdem bestelle ich folgende der bereits erschienenen Bände:
#___, ___, ___, ___, ___, ___, ___, ___, ___, ___, ___, ___

❐ 1 Ausgabe pro Band ODER ❐ ___ Ausgaben pro Band

Bitte senden Sie meine Bücher zur versandkostenfreien Lieferung innerhalb Deutschlands an folgende Anschrift:

Vorname, Name: ___________________________

Straße, Hausnr.: ___________________________

PLZ, Ort: ___________________________

Tel. (für Rückfragen): ______________ *Datum, Unterschrift:* ______________

Zahlungsart

❐ *ich möchte per Rechnung zahlen*

❐ *ich möchte per Lastschrift zahlen*

bei Zahlung per Lastschrift bitte ausfüllen:

Kontoinhaber: ___________________________

Kreditinstitut: ___________________________

Kontonummer: ______________ Bankleitzahl: ______________

Hiermit ermächtige ich jederzeit widerruflich den ***ibidem***-Verlag, die fälligen Zahlungen für mein Abonnement der **Schriftenreihe Masterstudiengang Consumer Health Care** von meinem oben genannten Konto per Lastschrift abzubuchen.

Datum, Unterschrift: ___________________________

Abonnementformular entweder **per Fax** senden an: **0511 / 262 2201** oder 0711 / 800 1889
oder als **Brief** an: ***ibidem***-Verlag, Julius-Leber Weg 11, 30457 Hannover oder
als e-mail an: ibidem@ibidem-verlag.de

***ibidem*-Verlag**
Melchiorstr. 15
D-70439 Stuttgart
info@ibidem-verlag.de

www.ibidem-verlag.de
www.ibidem.eu
www.edition-noema.de
www.autorenbetreuung.de

Zeitfracht Medien GmbH
Ferdinand-Jühlke-Straße 7
99095 Erfurt, Deutschland
produktsicherheit@kolibri360.de